기억과
연대

보훈공단
보훈교육연구원
보훈문화총서
08

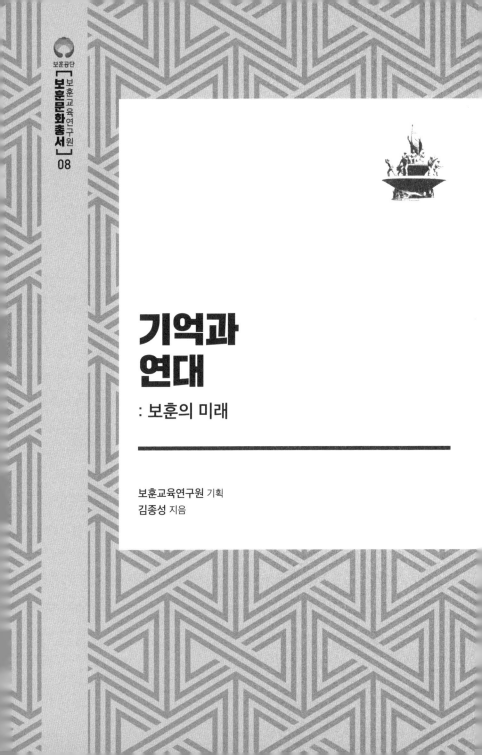

기억과
연대

: 보훈의 미래

보훈교육연구원 기획
김종성 지음

〔 간행사 〕

보훈, 우리 모두의 것이기 위하여

　보훈은 대한민국의 독립, 호국, 민주를 위한 희생과 공헌에 대한 국가적 차원의 보답이자 그 정신을 선양하는 행위이다.(「국가보훈기본법」 제1조, 제3조) 보답과 선양으로 국민 통합과 국가 발전에 기여한다는 것이 보훈의 기본 이념이자 근본 목적이다.(제2조) 국가를 위한 '희생'과 '공헌'에 대한 '보답', 정신의 '선양', 그것을 통한 '국민통합'이 보훈을 이해하는 열쇳말인 셈이다.

　이때 국민통합은 모든 국민이 동일한 의견을 지니고 획일적으로 행동한다는 뜻이 아니다. 한국 보훈의 역사에서 희생과 공헌에 대한 기억과 그것이 파생시키는 의미의 층위는 다양하고 스펙트럼도 넓다. 국민 모두가 보훈에 대해 단일한 생각을 가지고 있지도 않다. 이런 상황에서 특정 태도나 이념을 일방적으로 주입하려다가 자칫 다른 생각과 갈등하며 충돌하게 될 수도 있다.

보훈의 강조가 자칫하면 사회 갈등의 원인이 될 수도 있다는 말이다.

가령 일제강점기 '항일' 독립 운동가들을 국가유공자로 예우하는 행위의 이면에는 '친일' 세력은 청산되어야 한다는 요청이 들어 있지만, 친일이 불가피한 현실이라 생각하며 살아온 이들을 중심으로 친일도 한국 역사의 일부가 되었다. 해방 이후에도 이 문제를 제대로 청산하지 못하면서 이는 여전히 사회적 갈등의 한 원인으로 작용하기도 한다.

한국인의 '호국' 이념에는 북한 및 공산주의를 적대하며 전쟁까지 했던 경험이 녹아 있어서, 호국주의자들에게 북한을 포용하려는 자세는 위험스러운 이적행위처럼 여겨지곤 한다. 그렇다고 해서 좁은 의미의 호국주의에 머물면 그 역시도 사회 갈등을 야기하고 국민통합을 저해하는 요인이 될 수 있다.

'민주'도 독재라는 대항세력을 전제하지만, 민주든 독재든 모두 한국인이 한국의 역사 안에서 경험해 온 일일뿐더러, 나아가 민주에 대한 이해조차 진보냐 보수냐에 따라 다를 때가 많다. 그러다 보니 같은 민주의 이름으로 '민주공화주의'와 '자유민주주의'가 부딪히기도 한다. 독립, 호국, 민주에 대한 자기중심적 목적과 정치적 작동 방식 등이 복잡하게 얽혀 있거나 때로는 충돌하면서 국민통합이라는 보훈의 이념과 목적을 어려운 과제로 만들곤 하는 것이다.

그동안 보훈과 관련한 이러한 심층적 문제의식이 공론의 장으로 충분히 나오지 못했다. 국가가 독립, 호국, 민주의 정신과 가치를 주도적으로 계승하면서도 마치 이들이 별개의 것인양 따로따로 교육하고 선양하는 경향이 강했다. 이들을 유기적으로 연계시키기 위한 노력은 상대적으로 적었다. 그러다 보니 국민은 국민대로 보훈이 국민통합에 기여한다는 생각을 할 수 있는 기회를 제대로 갖지 못했다. 보훈 정책 및 보훈의 문화화에 책임이 있는 이들이 보훈에 얽힌 심층적 문제의식을 더 분명히 가지면서, 보훈이 국민 속으로 들어가도록 해야 할 뿐만 아니라, 국민이 보훈에 대해 자발적이고 긍정적으로 생각할 수 있도록 더 많은 기회를 만들어내야 하는 것이다.

제일 좋기로는 보훈에 대한 국가와 국민의 생각 간에 공감대를 확대시키는 것이다. 그러려면 국민이 보훈의 진정한 통합적 가치에 대해 생각할 수 있는 기회를 자주 만들어야 한다. 그리고 국가는 국민의 생각을 존중하고 다양한 생각을 조화시키며 적절히 포용해야 한다. 국가는 독립, 호국, 민주라는 가치의 유기적 관계성을 설득력 있게 정책에 담아내고 보훈 연구자들은 따뜻한 철학으로 이를 뒷받침해야 한다. 특정 정권이나 이념을 위해서가 아니라, 공정한 사회의 건설과 건전한 국민통합을 위해서이다.

물론 정부(국가보훈처)에서는 오랫동안 이와 관련한 다양한 정책을 펼쳐 왔다. 가령 오랜 군복무로 국가안보에 기여한 제대군인에 대한 지원을 강화하고, 다양한 보훈대상자들이 어디서든 불편 없이 진료 받을 수 있도록 한국보훈복지의료공단 산하 보훈 종합병원들과 연계하는 '위탁병원'을 지역 곳곳에 확대하고 있다. 국가유공자와 보훈보상대상자를 위한 복지와 의료 정책에 인공지능과 빅데이터를 활용하기도 한다.

전통적인 국가유공자들(순국선열, 애국지사, 전몰군경, 전상군경 등)에 대한 예우를 강화하면서, 민주유공자와 사회공헌자는 물론 '국가사회발전특별공로자'와 같은, 시민의 일상생활에 좀 더 어울리는 유공자들을 더 발굴하겠다는 의지를 표명하기도 한다. 이 모두 보훈대상자들을 연결고리로 국가와 국민을 연결시키겠다는 문제의식의 발로라고 할 수 있다. 현 정부에서 "든든한 보훈"을 슬로건으로 내걸고 있는 이유이다.

"따뜻한 보훈"을 모토로 한 적도 있다. 현장과 사람 중심의 보훈을 기반으로 국민과 함께 미래를 여는 정책을 펼치겠다는 것이었다. 모두 적절한 슬로건과 모토이다. 어떤 슬로건이든 국가유공자-국민-국가가 서로 연결되고 순환하는 체계를 만들어가겠다는 취지에서 서로 만난다. 어떻게 하든 희생과 아픔에 대한 인간의 원천적 공감력에 호소하면서 국민 혹은 시민사회가 보훈을 자신의 과제로 삼을 수 있는 바탕을 다져가는 일이 중요하다.

가장 기본적인 것은 어떤 종류의 것이든 희생이 더 이상 나오지 않는 사회를 만들어가는 일이다. 만일 그 과정에 국가와 사회를 위한 능동적 희생자가 발생하는 경우에는 국가와 국민이 더 보답하고 그 희생의 정신을 계속 기억할 수 있는 문화를 조성해가는 일이다. 무엇보다 그 능동적 희생이 기존의 폭력적 구조를 축소시키고 정말로 이웃과 사회와 국가를 평화로 전환시키는 데 기여한다는 사실이 자연스럽게 확장될 수 있도록 포용적이면서 섬세한 보훈 문화 정책을 시행해야 한다.

더 나아가 국경 중심의 근대민족국가의 범주에 갇히지 말고 보훈의 이름으로 인간의 아픔에 공감할 줄 아는 보편적 인류애에 호소하며 한국 보훈의 민주 정신을 세계로 확장시켜야 한다. 그렇게 세계가 축복할 수 있을 보훈 정책의 모델을 한반도에서 만들어내야 한다.

그동안 보훈 관련 각종 정책 보고서는 제법 많았다. 그러나 대부분 일반인의 손에는 닿을 수 없는 전문가의 책상과 행정부서 깊은 곳에 머물렀다. 보고서와 연구서들이 일부 정책에 반영되고 시행되었지만, 일반 국민이 실생활에서 체감하기에는 거리감이 있었다. 보훈의 역사, 이념, 의미, 내용 등을 국민적 눈높이에서 정리한 대중적 단행본이 더욱 요청되는 상황이었던 것이다.

이러한 현실을 의식하며 보훈교육연구원에서 일반 국민이 쉽게 접근할 수 있도록 대중적 차원의 「보훈문화총서」를 기획하고 지속적으로 출판하고 있다. 국가와 국민 사이에 보훈에 대한 공감대를 만들고 넓히기 위한 기초를 다지는 일이라고 할 수 있다. 더 많은 이들이 이 총서를 읽고 보훈이 우리 모두와 연결된, 우리 모두의 것이라는 의식이 더 확대되면 좋겠다. 총서가 보훈을 무덤덤한 '그들'만의 이야기가 아니라 '우리'의 따뜻한 이야기로 이끄는 계기가 되면 좋겠다. 보훈도 결국 인간의 아픔과 아픔에 대한 공감의 문제라는 사실을 인식하면서 인간의 얼굴을 한 따뜻하고 든든한 보훈문화가 형성되어 가면 좋겠다.

보훈교육연구원장

이 찬 수

기억과 연대

들어가기

국가공동체는 성원들의 자발적 참여와 헌신에 비례하여 발전한다. 국가공동체의 영속적 발전은 함께 살아가려는 의지와 희생의 욕구에 달려 있다. 그렇기 때문에 국가공동체를 위하여 희생하였거나 공헌한 사람들을 존경하고 예우하며, 애국정신을 이어받게 하는 것은 동서고금의 오래된 전통이다.

보훈의 본질은 보답이다. 물질적 보답뿐만 아니라 정신적인 것을 포함한다. 보훈의 첫걸음이 함께 겪은 희생의 기억이라면 그 끝은 성원들의 결속과 연대와 통합이다. 보훈에는 경계(boundary)가 존재한다. '운명공동체'라는 말이 있듯이 보훈은 동일한 국가공동체 내에서 작동하는 기제다. 국가공동체가 분리되거나 다른 공동체와 통합되는 경우에는 재구성의 과정을 거칠 수밖에 없다.

국가공동체의 변동에 따른 보훈의 재구성은 난제에 속한다. 이유가 무엇일까? 첫째, 국가의 정체성과 깊이 연관되기 때문이다. 역사관, 희생과 공헌의 평가를 둘러싼 갈등의 요소가 내재되어 있다는 뜻이다. 둘째, 역사적 평가를 통하여 미래를 대비하는 과거 지향성이 크다는 점이다. 보훈은 현재와 미래의 행정 수요에 대한 대응성이 중요한 여타의 정책과 달리 과거의 사실과 그에 대한 평가를 통하여 수행되기 때문이다. 셋째, 강한 수혜자 지향성이 있다는 점이다. 각각의 공동체에 속한 보훈대상자의 수용과 이익 갈등의 정도가 중요한 변수가 된다는 뜻이다

이 책의 주제는 '기억과 연대'를 담론으로 풀어 보는 '국가공동체의 변화와 보훈의 통합'이다. 제1부(기억의 보훈)는 보훈의 본질에 대한 접근이다. 보훈에 담긴 의미와 역할, 보훈의 대상과 내용, 정책의 변화에 대해 살펴본다. 물질적 보답에서 점차 기억정책이 강화되는 방향으로 변화되고 있음을 확인할 수 있을 것이다. 제2부(통합의 보훈)에서는 분단이나 내전을 경험한 국가들의 보훈 통합 사례를 제도와 기억, 두 측면에서 살펴본다. 분단에서 통합으로 나아간 독일·베트남·예멘과 내전을 경험한 미국·스페인·아일랜드·그리스·중국(대만 포함)이 분석 대상이다. 통합의 사례가 많지 않고, 나라마다 분단이나 내전의 원인과 진행 과정에 차이가 있기 때문에 일반화에 한계가 있지만 몇 가지 정책적 시사점을 발견할 수 있을 것이다.

제1부
기억의 보훈

1. 보훈에 담긴 의미

1) 보훈의 개념

국가공동체는 함께 살아가려는 성원들의 의지와 헌신으로 유지, 발전한다. 보훈은 그 성원들의 희생과 공헌을 정당하게 평가하고, 정신적·물질적 예우를 통하여 명예로운 생활이 유지·보장되도록 하며, 애국정신을 기억하고 전승함으로써 국가공동체의 영속적 발전을 도모하기 위한 것이다. 보훈은 또한 명예를 존중하는 기풍을 진작함으로써 '품격 있고 건강한 사회'로 나아가게 한다.

〈그림1〉에서 보는 바와 같이 국가는 국민의 안전을 보장하고 복지를 향상시킨다. 개인은 자유로운 활동과 의무의 수행과 공적 기여를 통하여 국가체제를 유지한다. 국가체제의 유지 과정

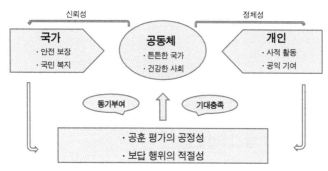

〈그림1〉 국가보훈 개념도

에서 국가는 그 성원들의 국가를 위한 공헌을 공정하게 평가하고 또 그에 상응한 보답이 이루어지도록 함으로써 자발적 참여와 헌신의 동기를 부여할 수 있다. 개인의 입장에서는 자신의 공헌이 국가를 위한 행위로 인정을 받고, 그에 상응한 보답을 받을 수 있다면 그가 속한 공동체를 신뢰하고, 자신의 정체성을 확인할 수 있다. 그렇게 하여 외적으로 튼튼하고 내적으로 건강한 공동체로 발전을 지속할 수 있다.

보훈에 내재된 의미를 정치, 윤리, 생물, 종교, 법률, 경제 등 여러 측면에서 새겨볼 수 있다. 첫째, 정치적 측면에서 보훈은 국가공동체를 위한 특별한 희생과 공헌에 경의를 표하고, 그에 보답하는 행위이며 정치체제의 정통성과 사회질서의 안정과 관련이 있다. 함께 치른 희생의 기억은 신화가 되고 때로는 '고상한 거짓말(noble lie)'*이 되어 성원들의 단합과 결속으로 나타난다. 그런 의미에서 보훈은 기억의 정치(Politics of Memory) 또는 상징정책(Symbolic Policy)과 관련이 있다.

둘째, 보훈의 의미를 윤리적으로 보면 고대국가로 거슬러 올라갈 수 있다. "가지는 그 뿌리를 잊을 수 없고, 덕을 입었을 때에는 그 보답을 잊어서는 안 된다."라는 「설원(說苑)」의 구절이나 "남에게 은혜를 입었으면 잊지 말아야 하고, 원한이 있으면 잊어야 한다."는 『채근담(菜根譚)』의 한 구절처럼 개인적 덕목인 보은(報恩)의 국가적 확대로 볼 수 있다. 나아가 가국동체(家國同體)의 원리인 충효(忠孝)의 윤리관에 닿아 있다.

플라톤(Platon, B.C.428?-B.C.347?)은 『메넥세노스』에서 "국가는 전사자에 대해서는 상속인과 이들의 몫을 맡아 하며 그들 자식에 대해서는 보호자의 역할을 맡아 모든 사람들의 보살핌을 시종일관 끊임없이 행하는 것입니다."**라고 하여 전사자에 대한 국

---

* 박효종, 『국가와 권위』, 박영사, 2001, 642쪽. 플라톤의 「공화국」 중 소크라테스와 글라우콘의 대화에 나오는 개념이다.
** 플라톤, 이정호 옮김, 『메넥세노스』, 이제이북스, 2011, 84쪽. '소크라테스와 메넥세노스의 대화' 형식의 저술이다.

가의 공식적 추모와 그 유족에 대한 국가의 '부양의무'를 공동체의 윤리로 보았다. 고대 로마의 키케로(Cicero, B.C.106-B.C.43)는 『의무론』에서 "남에게 해를 끼치지 않고 보답할 수 있음에도 불구하고 보답하지 않는다면 선한 사람이라고 할 수 없다."[*]라고 하였다. 아담 스미스(Adam Smith, 1723-1790)는 『도덕감정론』에서 보은 행위의 성격을 더욱 적극적으로 규정하였다. 그의 말을 빌리면 보훈은 행위자의 '공로의식'과 상대방의 '보은의식'이 결합된 '도덕감정(Moral Sentiments)'이다.

> 은인에 대하여 가장 매력을 느끼는 것은 그의 감정과 우리의 감정이 일치하며, 우리의 흥미를 끄는 것은 그 역시 우리와 마찬가지로 우리 자신의 가치를 중시하고 우리 자신을 존중해 준다는 것이다. (…) 은인의 마음속에 이와 같은 호의적이고 유쾌한 감정을 가지도록 하는 것이 우리가 그에게 갚으려는, 즉 보은이 노리는 주요 목적 중의 하나이다.[**]

---

[*] 키케로, 허승일 옮김, 『키케로의 의무론-그의 아들에게 보낸 편지』, 서광사, 2006, 47쪽.

[**] 아담 스미스, 박세일·민경국 옮김, 『도덕감정론』 개역판, 비봉출판사, 2009, 180쪽.

현대 윤리학에서는 '의무 윤리'와 '덕의 윤리'라는 개념이 있다. 근대 이전의 사회에서 윤리의 중심은 덕(virtue)에 있었다. 아리스토텔레스(Aristoteles, B.C.384-B.C.322)의 윤리학이 대표적이다. 덕이란 본성의 잠재적 가능성을 최대로 발휘하게 하는 탁월함으로 정의된다. '덕의 윤리'는 계몽주의 시대를 거쳐 다양한 가치관이 공존하는 근대 이후의 다원적 사회로 이행하면서 의무(duty)의 준수를 요구하는 제한된 공공 윤리로 대체되었다. '덕의 윤리'가 인간다운 삶의 가치와 관련이 있다면 '의무 윤리'는 서로 다를 수 있는 가치를 추구하는 다수의 사람들 사이의 관계를 규율하는 규범에 관한 것이라는 차이가 있다. 다시 말하면 자유롭고 평등한 여러 주체들이 합의할 만한 규범 속에서 가치가 추구되어야 한다는 것이다.

'덕의 윤리'가 공동체 구성원의 우애와 유대로 결속된 '좋은 삶(good life)'을 지향한다면 '의무 윤리'는 질서의 유지와 갈등의 조정에 초점이 있다. 전자가 인간다운 삶을 추구하는 내면적 의지를 강조하고 그에 대한 동기를 부여하는 장점이 있지만 실현 가능성에는 의문이 제기된다. 실천이 개인의 의지에 맡겨지기 때문이다. 후자는 실현 가능성은 높지만 공정성과 같은 절차적 정당성에 치중함으로써 도덕적 창의성이나 덕성의 발현을 위축시

킨다는 비판이 있다.

알래스데어 매킨타이어(Alasdair MacIntyre), 찰스 테일러(Charles
Taylor, 1931-), 마이클 샌델(Michael Sandel) 등이 주도한 공동체주
의(Communitarianism)는 '의무 윤리'의 한계를 지적하고 '덕의 윤리'
를 강조한다. 갈수록 심화되는 현대사회의 갈등과 분열이 그것을
불러온 측면이 있다. 공동체주의는 개인의 '좋은 삶'은 사회적, 문
화적 맥락과 분리하여 생각할 수 없는 것이므로 개인의 정체성은
그가 속한 공동체를 통하여 구현될 수 있다고 본다. 자유주의자
들이 주장하는 개인의 자유에 대한 권리만큼이나 공동선에 대한
의무, 책임, 봉사, 희생과 같은 덕성이 중요하다는 입장이다. 따
라서 공동체주의는 절차적 정의보다 더 본질적인 '좋은 삶'을 추
구하며 참여, 배려, 유대를 강조한다. 요컨대 자유주의가 공정한
규범하에 개인의 자유로운 활동을 보장하는 데 초점이 있다면 공
동체주의는 '좋은 삶'을 위한 공동선과 그에 따른 덕성이 중요하
다는 입장으로 여전히 논쟁의 대상이 되고 있다. 다음은 찰스 테
일러의 「민주주의가 애국주의를 필요로 하는 까닭」이라는 글의
일부이다.

우리가 창조하려고 애쓰는 자유롭고 민주적이며 상당할 정도로

평등하게 공유하는 사회는 그 시민에게 강력한 귀속 의식을 요구한다. 자유로운 사회는 자발적인 지지에 의존할 수밖에 없기 때문에 몽테스키외가 덕성(Vertu)이라고 부른 강력한 충성심을 요구한다는 것은 시민적 인본주의 전통에서 항상 언급되어 온 사실이다.[*]

어느 쪽이든 공동선(共同善·common good)이나 이타주의를 위한 개인의 헌신은 감동을 주고 높은 존중의 대상이 된다. 그럼에도 윤리관의 차이는 행위의 가치에 중요한 기준을 제공한다. 의무나 임무의 수행과 관련된 특별한 희생과 공헌이 1차적 보훈의 대상이다. 그러나 의무를 초월하거나 의무의 유무와 관련 없이 신념이나 소명의식에 입각한 자발적 헌신과 봉사가 있을 수 있다. 전자가 '의무 윤리'에 가까운 것이라면 후자는 탁월한 덕목의 실천, 즉 '덕의 윤리'의 영역에 속한다고 볼 수 있을 것 같다.

셋째, 윤리학에서 말하는 공동체를 위한 덕성은 현대 진화생물학에서 인간의 본성과 무관하지 않다는 것이 확인되었다. 윌리엄 해밀턴(William Hamilton)이 시작한 이타성에 대한 탐구는

---

[*] 마사 너스봄 외, 오인영 옮김, 『나라를 사랑한다는 것』, 삼인, 2003, 167쪽.

에드워드 윌슨(Edward Wilson, 1929-)에 의하여 진화론의 중요한 흐름이 되었다. 윌슨은 인간이 환경을 이용하고 지능과 기억을 토대로 개체 간의 유대와 동맹을 통하여 집단을 이루고 상호작용을 통하여 진사회성 동물(eusociality animal)로 진화했다고 주장한다.* 윌슨은 개체선택(individual selection)이 개인적 성취를 위한 치열한 경쟁을 특징으로 한다면 집단선택(group selection)은 이타주의, 형제애, 연대를 강화하는 쪽으로 나타났다고 추론한다.** 그 같은 주장은 "사랑, 친절, 미덕 같은 특성은 종에 내재되어 있지 않기 때문에 의도적인 노력에 의해서만 전달될 수 있다."라는 리처드 도킨스(Clinton Richard Dawkins)의 추론과 차이가 있다.***

윌슨은 그가 속한 집단을 위하여 좋은 일을 한 것으로 얻어지는 명예심과 이익이 이타적 성격을 갖도록 진화되었다고 추론하면서 명예심은 '양날의 검'이라고 말한다. 명예심은 다른 집단과의 전쟁에서 헌신과 희생을 낳지만 다른 한쪽에서는 내부의 조

---

*   에드워드 윌슨, 이한음 옮김, 『지구의 정복자』, 사이언스북스, 2013, 28~32쪽.

**   위의 책, 297쪽.

*** 케네스 밀러, 김성훈 옮김, 『인간의 본능』, 더난출판, 2018, 327쪽.

직적 불의에 맞서 개인의 명예를 추구한다고 말한다.* 이 부분은 보훈의 범주와 가치에 중요한 시사점을 제공한다.

요컨대 함께 겪은 희생의 기억이 집단의 신화가 되고, 상상력을 자극함으로써 사회성의 진화를 거듭하게 했다는 점에서 귀속 집단을 위한 희생과 그에 따른 보답은 '진화의 원리'와 무관하지 않아 보인다.

넷째, 보훈은 종교적으로 보면 희생제의(犧牲祭儀)와 관련이 있다. 희생은 생산의 안티테제, 다시 말하면 신과 조상에게 받은 은총이나 부채를 갚는 교환이나 증여행위로 볼 수 있다. 다시 말하면 생산을 중단하고 순간의 소비에 자신을 던지는 행위에는 살아 있는 사람들에게 은총이 되고 부채가 되는 순환 구조적 의미가 내포되어 있다는 것이다. 사자(死者) 숭배가 집단의 정통성을 강화하고 사회 안정에 기여하는 이유도 거기에 있는 것이다.

다섯째, 법률적 측면에서 보훈은 국민의 의무 수행이나 동원에 따른 희생에 대한 보상(報償)으로, 불법행위로 인한 배상(賠償)이나 공적 부담에 따른 피해를 보전해 주는 보상(補償)과 성격

---

* 에드워드 윌슨, 앞의 책, 307~308쪽.

이 다르다. 우리나라 보훈 관계 법령에는 '보상'과 '예우'가 정확하게 구분되어 있지 않지만 엄격한 법률적 잣대로 보면 차이가 있다.

여섯째, 경제사회적으로 보훈은 분배, 후생, 노동의 재상품화 등과 기능적으로 연결될 수 있고, 귀속의식과 관련된 사회심리적 의미도 있다. 그러나 그것은 극히 작은 부분이다. 위에서 살펴본 것처럼 정치적, 윤리적, 법률적 성격이 훨씬 더 강하기 때문이다.

2) 보훈의 역할

보훈은 국왕의 은전과 시혜에서 권리로, 군공을 세운 고위 군사 지휘관 중심에서 하급 병사가 포함된 보편적 제도로 발전하였다. 그러나 동서고금을 막론하고 보훈의 역할은 다르지 않았다. 국가공동체를 유지하는 근본원리였고, 강한 국가를 만드는 중요한 수단이었다. 보훈은 민족의 혼이나 얼과 같은 강한 정체성을 갖게 하며, 또한 명예를 존중하는 국민정신을 북돋우는 중요한 역할을 하였다.

첫째, 보훈은 국가공동체의 기본 원리다.

역사적으로 보면 보훈은 고대국가와 더불어 시작되었다. 한 국가가 성립하기까지 수많은 난관과 도전이 있기 마련이다. 국가를 세우고 유지해 나가는 과정에는 자발적이건 비자발적이건 성원들의 헌신과 봉사가 필요하다. 성원들의 헌신에 보답하는 것은 국가공동체의 유지와 발전에 필요불가결한 요소일 뿐만 아니라 가장 중요한 책무의 하나이다. 보훈이 잘못되면 국가의 존립 자체에 심대한 영향을 주기 때문이다.

국가와 개인 사이의 헌신과 보답의 관계는 고대 왕국 체제가 확립되면서 제도화되기 시작했다. 그 일례로 기원전 11세기 주(周)나라의 건국 과정에서 엿볼 수 있다. 『서경(書經)』의 주서(周書) 무왕(武王) 조에 이런 구절이 나온다. "덕을 높이고 공에 보답하고 나니 옷을 걸치고 팔짱을 끼고 가만히 있었는데도 천하가 다스려졌다(崇德報功垂拱而天下治)." 공로에 보답하는 것을 치국의 근본원리로 본 것이다. 주(周)나라에는 공을 여섯 가지로 나누어 예우하는 육공(六功) 제도를 주관하는 사훈(司勳)이라는 기구가 있었다. 전국시대 진(秦)나라는 그것을 더 세분화하여 20등작제(二十等爵制)를 실시함으로써 통일의 기초를 놓았다.

후한(後漢) 말 조조(曹操)는 보훈의 선구자였다. 건안 7년(202년) 8년의 전쟁을 끝내고 회군하다가 고향인 초현에 들렀지만 아는 사람을 찾을 수 없었다. 충격을 받은 조조는 병사들의 귀향을 허락하면서 이들에게 우대 조치와 함께 특전을 주어 철저히 시행하라는 포고령을 내렸다. 조조의 세력이 앞서 나갔던 것도 그만한 이유가 있었던 것이다.

> 의로운 군사를 일으킨 이래로 죽어 후사가 없는 병사를 위해서는 그 친척을 찾아내어 뒤를 잇게 하고 땅을 나누어 주고, 관가에서는 농사짓는 소를 지급해 주며, 학교를 세우고 교사를 두어 그 자식을 교육하도록 하라. 살아남은 병사를 위해서는 종묘를 세워 조상에게 제사 지내게 하라.[*]

세계 최초의 보훈포고령이라 할 수 있다. 뛰어난 전공을 세운 소수의 제후나 훈신에 대한 은상제도를 넘어 일반 병사들을 대상으로, 의식주뿐만 아니라 생업과 자녀 교육까지 배려하는 보편적 제도의 성격을 띠고 있었기 때문이다.

고대 아테네의 시민들의 폴리스를 위한 자발적 헌신과 그에 대한 보답은 투키디데스(Thucydides)의 『펠로폰네소스전쟁사』에

---

[*]   진수 지음, 김원중 옮김, 『정사 삼국지 위서1』, 민음사, 2007, 75쪽.

나오는 기원전 431년 페리클레스(Pericles)의 연설을 통하여 확인할 수 있다.

그들(스파르타·저자 주)은 아주 어릴 때부터 엄격한 훈련으로 용기를 독려하고 있지만 우리는 자유롭게 놔두면서도 조금도 밀리지 않습니다.(…) 우리는 아름다움을 추구하면서도 사치로 흐르지 않고 지혜를 사랑하면서도 유약함에 빠지지 않습니다.(…) 국가는 지금부터 그들의 자녀들이 성인이 될 때까지 공공의 비용으로 양육할 것입니다. 이것은 화관(花冠)과 같은 귀한 상(賞)입니다. 아테네 시민들은 전투가 끝나면 생존자와 전사자 모두에게 영예를 줍니다. 미덕에 최고의 보답이 주어지는 곳에 국가에 봉사하려는 가장 훌륭한 시민들이 있기 때문입니다.*

우리 역사에서 가장 오래된 보훈의 기록은 신라에서 찾아볼 수 있다. 『삼국사기』에 따르면 최초의 보훈 기록은 서기 6세기 중반으로 추정되는 "만약 충성과 신의와 정성이 있거나 재주가

---

* Thucydides, Benjamin Jowett translated, Pericles's Funeral Oration, Oxford, Clarendon Press, 1881.

뛰어나고 기미를 잘 살피며 적에게 용감하고 싸움에 강하며 나라를 위해 충절을 다한 공이 있는 자들에게는 상(賞)과 작(爵)을 더하여 그 훈로(勳勞)를 표창하고자 한다."는 진흥왕순수비 비문이다. 신라에는 상사서(賞賜署)라는 보훈기구가 있었다. 신라가 보훈에 철저했다는 것은 『삼국사기』 문무왕 9년(서기 669년)의 기사를 통하여 확인할 수 있다.

> 지난날 신라는 두 나라 사이에 끼어 북쪽에서 치고 서쪽에서 침범하여 잠시도 편안한 해가 없었다. 전사들의 뼈가 드러나 들판에 쌓였으며, 몸과 머리가 나라 사이에 경계에 나뉘었다. (…) 지금 두 적이 평정되어 사방이 조용하고 편안하다. 군진에 나가서 공을 세운 자는 모두 이미 상으로 보답하였고, 전사한 유혼들도 명복을 빌 재산을 추증해 주었다.

고려의 군사제도는 직업군의 성격을 띤 상비군 체제였다. 국초에 문무 관리의 평가와 포상 업무를 관장하는 '사적'이라는 기구가 있었다. 거란의 침공을 물리친 후 995년(성종 14) 상서고공으로 개편되었다. 원나라의 지배하에서 다른 부서에 흡수되었다가 1356년(공민왕 5) '고공사'라는 이름으로 복원되었다. 아울러 공민왕은 "군사를 동원한 뒤로 전쟁에서 죽은 장사(지휘관)에게는 표창이나 증직을 주고, 그 자손에게 벼슬을 줄 것이며, 만약 졸오(병사)가 죽었으면 그 집을 구제할 것이다."라는 교지를 내렸다. 국가체제를 재정비하려는 노력의 일환이었다. 조선의 군사제도는 병농일치제를 기반으로 하였다. 보훈기구는 국초의 공신도감을 시작으로 세종 때 충훈사를 거쳐 1466년(세조 12) 충훈부로 개편되었다. 그와 별도로 임진왜란 때 의병들의 군공을 조사하기 위한 임시기구로 군공청이 설치되었다가 전란이 끝난 후 폐지되었다. 충훈부는 1894년(고종 31) 기공국으로 축소되었다.

조선의 보훈은 처음부터 공신과 후손에 대한 특별 예우제도였다. 임진왜란을 계기로 의병을 포함한 군공자에 관한 보훈 기록이 나타난다. 전란 중에 전사자 명부를 만들어 가족에게 면역첩과 쌀, 콩 등을 지급하였고, 휼전을 내렸으며, 전쟁에 나간 장병의 부모나 처를 위로토록 하였다. 의병의 공적을 치하하고 천인 출신에게 양인의 신분을 주었고, 평민 가운데 군공을 세운 사람에게는 그 역을 면제해 주었다. 공신에 책정된 인원이 총 10,639명에 달했지만 실학자 이수광의 『지봉유설』에 따르면 그들에게 보훈은 잘 시행되지 않았던 것 같다. 그로 인한 부정적 영향은 병자호란 때 의병이 거의 없었던 것으로 중명되었다.

> 권양촌(양촌 권근)이 신라의 법에 대하여 말하기를 전사자를 후
> 히 장례지내고 작과 상을 그 일족에게까지 내리니 그 영화를 위
> 하여 죽음을 불사하고 다투어 공을 세웠다. 지금 들으니 왜노
> (倭奴·일본》)의 풍속이 그러하다고 한다.(…) 옛사람이 말하기를,
> 상을 중히 하면 반드시 죽기로 싸우는 장졸이 있다고 했는데,
> 지금은 공명(空名)을 중하게 하고 있을 뿐이니, 아무런 혜택도
> 없는 헛된 상으로는 어렵지 않겠는가.[*]

공신을 책정하는 과정에서도 논란이 끊이지 않았다. 임금을
수발한 호종공신(扈從功臣)이 86명인 데에 비하여 전장에서 헌
신한 선무공신(宣武功臣)은 18명에 불과하였다. "호종한 신하들
을 많이 참여시키고 싸움에 임한 장사들을 소략하게 하였으니,
공에 보답하는 방도를 잃었다고 할 만하다." 사관이 남긴 『선조
실록』의 기록이다.

1900년 을미사변 때 순국한 장졸들을 안장하기 위하여 세워진

---

[*] 이수광, 『지봉유설』 군도부 상공편. 참조.

장충단(서울 중구 장충단공원)은 우리 역사상 최초의 국립묘지라 할 수 있다. 군악과 조총의식으로 춘추제향을 올렸는데 군사들이 감격하였다는 내용이 『고종실록』에 나온다. 이를 통하여 근대적 현충의식이 나타나기 시작했음을 알 수 있다. 그러나 1910년 국권을 빼앗긴 후 장충단이 철거되고 공원이 들어섰다.

남소영이 있었던 자리에 장충단을 세웠다. 원수부에서 조칙을 받들어 나랏일을 위해 죽은 사람들에게 제사를 지내기 위해서였다.(1900.4.27.)

장충단을 특별히 만들어 제사를 지낸 뒤로 군사들이 이루 형언할 수 없이 감격하고 고무되었습니다.(1901.2.16.)

『고종실록』에는 1900년 11월 고종(대한제국 광무 4년)이 전사하였거나 부상한 장졸에게 은전을 시행하라는 조령(詔令)을 내렸다는 기록이 나온다.

개국 503년 이후부터 장령, 위사, 병졸, 액속 가운데서 순절하였거나 부상을 입은 사람이 없지 않았지만 표창하고 돌보아주

는 은전은 오늘에 이르도록 미처 베풀지 못하였다. 그러므로 매
번 생각이 이에 미칠 때마다 가슴이 아파짐을 금할 수 없다. 원
수부에서 세록표(世祿表)를 만들어서 등급을 나누어 시행하도록
하라.(1900.11.11.)

예나 지금이나 보훈은 국가체제의 존립과 유지에 직결되어 있
다. 국가를 위하여 희생하였거나 공헌한 사람을 특별히 챙기지
않는다면 국가체제는 그 정당성과 신뢰를 확보할 수 없다. 희생
과 공헌이 존중받는 한 국가는 운명공동체로서 의미를 갖는다.

둘째, 보훈은 국가 융성의 핵심 기제다.

보훈이 잘 되는 나라는 강한 국가인 동시에 일류 국가다. 보훈
은 국왕의 은전에서 권리로, 시혜에서 보상으로 나아갔다. 보훈
은 부국강병을 뒷받침하는 기제였다. 근대 유럽 국가들이 세계
사를 주도한 것도 상비군과 그것을 뒷받침한 보훈제도가 있었기
때문이다. 본격적인 보훈제도의 등장은 17세기 유럽 제국의 각
축과 시기를 같이 한다.

영국은 1581년 엘리자베스 1세 때 체탐금고(Chatham Chester)
를 설치하여 해군 상이군인과 미망인에게, 1593년 「군인구제
법」을 제정하여 육군 상이군인과 미망인에게 연금을 지급하

기 시작했다. 1682년 왕립 첼시안식원(Royal Hospital Chelsea), 1684년 아일랜드 더블린의 왕립 킬마인햄안식원(Royal Hospital Kilmainham), 1692년 그리니치안식원(Greenwich Hospital)이 설립 되었다. 1806년 새로운 연금법의 제정으로 법적 권리가 인정되 는 보편적 전쟁연금제도(War Pension Scheme)가 확립되었다. 그 리고 1917년 영연방 묘지관리위원회(Commonwealth War Graves Commission)를 설립하여 전 세계에 산재된 영국, 캐나다, 오스트 레일리아, 뉴질랜드, 인도 등 영연방 6개국의 전쟁묘지를 관리하 기 시작하였다.

　프랑스는 1670년 "위대함을 기리는 왕립 저택으로 불구가 되 었거나 늙고 기력이 없는 모든 병사와 장교들이 생계 걱정 없이 거주할 수 있는 공간"을 마련하라는 루이 14세의 왕명에 따라 오 텔 디 앵발리드(Hôtel des Invalides)를 건설하였다. 세계 최초의 보훈병원이자 안식원이다. 1671년에 시작된 공사는 수차 확장되 어 1793년 높이 107미터의 돔 교회(Dôme des Invalides)가 완성됨 으로써 마무리되었다. 1674년 10월 루이 14세와 루부아 전쟁장 관이 직접 상이용사들을 맞이하는 가운데 첫 입주가 이뤄졌다. 일시적 보호나 통제를 위한 빈민 구제 시설과 완전히 달랐다. 희 생한 보답으로 인간의 존엄성 유지가 가능하도록 좋은 숙소, 음

식, 의료, 용돈이 제공되며 쇼핑과 오락을 즐길 수 있었다. 지금
도 퇴역군인 100여 명이 생활하지만 성당을 제외한 대부분의 시
설은 군사박물관으로 개조되었다. 돔 교회 지하에는 보나파르트
나폴레옹을 비롯한 장군들의 유해가 안치되어 있다.

북아메리카 신대륙은 상이군인 연금제도가 처음으로 창설
된 곳이다. 1636년 최초의 정착지 플리머스에서 처음 시행된 연
금제도는 18세기 말까지 전역으로 확대되었다. 대륙회의는 상
이군인에게 연금을 지급함으로써 독립전쟁의 참가를 독려하였
다. 남북전쟁이 한창일 때 북군 전사자를 위한 국립묘지를 곳곳
에 세웠다. 1863년 "국민의, 국민에 의한, 국민을 위한 정부"라
는 링컨 대통령의 게티즈버그 연설은 국립묘지 부지 봉헌식에서
이뤄진 것이다. 1789년 「상이군인 연금법」의 제정으로 연금 업
무가 주정부에서 연방정부로 이관되었다. 1812년 '해군의 집'을
시작으로 1866년 치료와 안식을 위한 내셔널 홈(National Home)
을 세웠다. 1862년 「홈스테드법(Homestead Acts)」에 따라 미시
시피 강 서쪽 지역에 5년 이상 거주하는 제대군인에게 최소 160
에이커, 최대 640에이커의 토지 소유권을 주었다. 1930년 내무
부 등에 분산된 제대군인 지원 업무를 통합하여 보훈처(Veterans
Administration)를 창설한 후 전국 주요 지역에 보훈병원(Veterans

Hospital)을 세웠다. 지금의 보훈부(Department of Veterans Affairs)는 연간 예산 2,400억 달러(2021년)에 보훈병원 100개소, 외래진료소 1,232개소, 국립묘지 151개소, 직원 38만 명을 가진 거대한 조직이다. 미국은 경제력과 국방력뿐만 아니라 보훈에서도 최고를 자랑한다.

보훈의 강화와 국가의 융성은 시기적으로 일치한다. 나라를 위한 봉사와 헌신에 상응하는 존경과 보답이 항상 주어진다는 확신이 국가공동체와 그 성원 사이에 변치 않는 믿음으로 존재할 때 강한 나라를 만들 수 있다. 프로이센의 카를 폰 클라우제비츠(Karl von Clausewitz)는 『전쟁론』에서 물리적인 것은 나무로 된 칼자루와 같은 것이라면 정신적인 것은 번쩍번쩍 갈아 놓은 칼날과 같다고 하여 정신력의 중요성을 설파한 바 있다. 보훈 또한 정신력의 중요한 요소이다.

18세기 폴란드의 회생을 위하여 장 자크 루소(Jean-Jacques Rousseau, 1712-1778)가 제시한 '민족적 제도'는 민족의 갱생과 보훈의 관계를 잘 설명해 준다. 1772년 루소는 폴란드의 미하우 비엘호르스키(Michal Wielhorski) 백작의 요청으로 '폴란드의 정치에 관한 논문'을 통하여 폴란드의 회생을 위한 방안을 제시한 바 있다. 제안의 핵심 부분은 애국적 영혼(patriotic soul)을 회복해야 한다는 것이었다. 고결한 덕성과 용기를 지닌 시민, 조국을 위한 사랑과 열정으로 불타는 애국적 시민으로 거듭나는 것이 중요하다고 보았다. 그것을 위해서는 민족적 관습을 부활하고 국민교육과 개병제를 통하여 민족주의를 고무해야 하며, 나아가 유대와 스파르타 및 로마가 애국주의에 불타는 민족으로 갱생한 것처럼 민족적 유업을 계승하고 기념비를 건립하여 민심을 진작하며, 주기적으로 민족성전을 개최하여 조국을 위하여 헌신한 자를 찬양하며, 유가족들에게 영예로운 특권을 주어야 한다고 했다.[*] 루소는 『사회계약론』에서 "정말로 자유로운 나라에서는 시민은 자기의 손으로 모든 일을 처리하며, 아무것도 돈으로 해결하려 하지 않는다."라며 직접적인 의무의 수행을 강조한 바 있다.^{**} 민족갱생의 문을 여는 루소의 열쇠는 국민개병제와 그것을 뒷받침하는 보훈제도였다.

1798년 프랑스를 시작으로 대부분의 국가에서 국민개병제를 채택하였다. 그것은 부국강병의 핵심적 요소였다. 그러나 제2차

---

*   Jean-Jacques Rousseau, "Consideration on the government of Poland and on the its proposed reformation", April 1772.

**   J. J. 루소, 정성환 옮김, 『사회계약론』, 홍신출판사, 2011, 107쪽.

세계대전이 끝난 후 점차 모병제로 돌아서기 시작했다. 지금은 우리나라를 비롯하여 이스라엘, 스위스, 북유럽 국가 등에서 유지되고 있을 뿐이다. 모병제 국가에서는 갈수록 지원자가 격감하고 병력의 질이 저하되는 문제점이 나타나고 있다.

1997년 징병제를 폐지한 프랑스는 '국방 및 시민의식의 날(Journée Défense et Citoyenneté)'을 제정하여 16세에서 25세까지 일일 체험 활동을 통하여 시민의식, 기억의 의무, 안보의식, 국제 문제 등에 관하여 교육을 받도록 했다. '방어 준비의 날'로 불릴 정도로 유사시에 대비한 성격이 강했다. 에마뉘엘 마크롱(Emmanuel Macron) 대통령은 18세부터 21세의 남녀에게 3개월의 군사교육을 의무화하는 선거 공약을 제시한 바 있다. 반대 여론을 감안하여 당초 계획보다 다소 축소된 형태로 보편적 국민봉사제도(Le Service National Universel)가 시행되었다. 공화주의 가치, 사회적 응집성, 헌신의 문화, 사회 참여의 촉진을 도모하기 위한 것이다. 그에 따라 15세에서 17세까지의 모든 남녀에게 1개월의 복무 의무가 주어졌다. 1단계는 합숙으로 진행되는 응집성 교육으로 국방과 안보, 문화유산, 유럽 사회, 환경 문제 등에 대한 이해를 높이는 데 중점이 있다. 2단계는 사회단체, 군사, 경찰, 소방 분야의 체험교육으로 복무 기간은 12일 또는 84시간이다. 3단계는 2단계가 끝난 후 자원에 의하여 16세에서 25세까지 3개월 내지 1년간의 범위 내에서 추가 복무가 가능하다.* 바칼로레아 (Baccalauréat)라 불리는 대학입학 시험과 운전면허 신청에는 반드시 보편적 복무 인증서를 첨부하여야 한다. 이와 관련한 법적 논란이 제기됨에 따라 헌법상 근거를 마련할 계획이라고 한다.

셋째, 보훈은 국가의 정체성을 구성한다.

보훈은 역사, 특히 근현대사의 흐름과 맥을 같이한다. 보훈은 그 나라의 역사와 깊은 관련이 있다. 국가유공자의 희생과 공훈과 그에 대한 보답은 역사적 사건이나 사실의 확인과 평가를 전제로 하기 때문이다.

1807년 피히테(Johann G. Fichte, 1762-1814)는 『독일국민에게 고함』을 통하여 정체성을 '독일의 혼'으로 표현하였다. "우리 국민이 자신의 특성을 살려 그것을 확보함으로써 그 어떤 형태로든 남에게 종속할 수 없는 자아를 다시 획득할 수 있게 하는 것은 독일의 혼이라 일컬어지는 우리의 공통된 특징이다."*** 정치적 독

---

*   Le Service national universel (SNU) ㅣ Gouvernement.fr(https://www.snu. gouv.fr)

**   E. 버크/J.G.피히테, 박희철 옮김, 『프랑스혁명 성찰/독일 국민에게 고함』, 동서문화사, 2009, 365쪽.

립을 잃었다 할지라도 언어와 문학을 잃지 않았다면 여전히 하나의 국민으로 존재한다고 하였다. 피히테는 또한 민족의 정신적 동일성을 '내적 국경'으로 표현하면서 국가와 국가를 나누는 것은 지리적 경계가 아니라 언어공동체를 기초로 한 정신적 국경에 있다고 보았다.* '내적 국경'은 "교육과 역사가 망하지 않으면 그 나라는 망하지 않는다(國敎國史不亡則 其國不亡也)."라고 한 백암 박은식 선생의 '국혼(國魂)'과 크게 다르지 않다. 언어적 동일성이나 민족의 신성(神性)을 강조한 피히테와 달리 프랑스의 에르네스트 르낭(Ernest Renan, 1823-1892)은 '함께 살아가려는 의지'를 강조하였다. 다음은 1882년 소르본 대학교에서 행한「민족이란 무엇인가」라는 강연의 한 부분이다.

하나의 민족은 하나의 영혼이며 정신적인 원리입니다. 둘이면서도 하나인 것이 바로 이 영혼, 즉 정신적인 원리를 구성하고 있습니다. 한쪽은 과거에 있는 것이며, 다른 한쪽은 현재에 있는 것입니다. 한쪽은 풍요로운 추억을 가진 유산을 공동으로 소유하는 것이며, 다른 한쪽은 현재의 묵시적인 동의, 함께 살려

---

* 위의 책, 533쪽, 541쪽.

는 욕구, 각자가 받은 유산을 계속해서 발전시키고자 하는 의지입니다. (…) 개인과 마찬가지로 민족 역시 노력과 희생, 그리고 오랜 헌신으로 일구어내는 기나긴 과거의 결실인 것입니다. (…) 민족은 과거에 이미 치렀고 여전히 치를 준비가 되어 있는 희생의 욕구에 의해서 구성된 커다란 결속입니다. (…) 인간들의 대결집, 건전한 정신과 뜨거운 심장이야말로 민족이라 부르는 도덕적 양심을 창출합니다. 이 도덕적 양심이 공동체를 위해서 개인을 버린 그 희생들을 바탕으로 하여 자신의 힘을 증명하는 한, 그것은 정당하며 존재할 권리가 있습니다.[*]

에르네스트 르낭(Ernest Renan)은 『민족이란 무엇인가』에서 '함께 살아가려는 의지'를 강조했다. 민족의 본질을 '희생의 욕구로 결속된 도덕적 양심'이라고 본 것은 곧 애국심에 봉사하는 민족적 개성을 중시한 루소의 생각과 다를 바 없다. 그러나 보불전쟁 이후 극심한 패배감에 빠져 있던 프랑스의 시대적 상황과 무관하지 않다고 해도 과도한 민족의식의 표출이라는 비판이 없는

---

[*]   에르네스트 르낭 지음, 신행선 옮김, 『민족이란 무엇인가』, 책세상, 2002. 80~83쪽.

것은 아니다.*

'내적 국경'이든 '국혼'이든 함께 나눈 희생은 지울 수 없는 집단적 기억이 되고 성원들의 정체성과 역사의식에 직접적인 영향을 미친다. 누구에게 보답하고 누구의 희생을 기릴 것인가? 보훈이 정체성에 관여할 수밖에 없는 이유다. 보훈이 그 같은 역할을 하지 못하는 경우도 있다. 예를 들어 독일이나 일본은 함께 치른 희생이지만 정체성의 근거가 되지 못한다. 전범(戰犯) 국가는 '보훈'이라는 개념을 가질 수 없다. 사회보장부서에서 원호 차원의 지원 업무만 수행할 뿐이다. 참전군인의 희생과 공훈을 공공연히 드러내지 못한다.

넷째, 보훈은 명예 존중의 건강한 국민정신을 함양한다.

유럽에는 '노블레스 오블리주(Nobles Oblige)'라는 개념이 있다. 고대 그리스, 로마 이래의 오랜 정신적 정향이다. 로마의 귀족들은 전장에서 중장보병을 맡아 최선두에 섰다. 집정관과 원로원 의원을 비롯한 귀족들이 먼저 전사하였음은 물론이다. 그리스와 로마의 전통에다 중세의 기사도 정신과 기독교 교의가

---

* 피에르 노라 외, 김인중·유희수 외 옮김, 『기억의 장소 ⑤ 프랑스들 3』, 나남, 2002, 405쪽.

결합함으로써 유럽 사회의 독특한 명예의식으로 발전하였다.

'노블레스 오블리주'의 출전은 1808년 아카데미 프랑세즈 (Académie Française) 회원 피에르 마르크 가스통(Pierre-Marc Gaston de Lévis)의 금언집이다. 거기에는 단순히 "귀족에게는 의무가 따른다(Nobles Oblige)."라고 적혀 있을 뿐 다른 설명은 없다. 1836년 오노레 드 발자크(Honore de Balzac)의 『골짜기의 백합』에서 주인공의 말을 통하여 사용된 이래 여러 문학작품을 통하여 확산되었다. '책임의 무게는 이익에 비례한다.'는 것이 핵심 메시지로 "많이 받는 자에게는 더 많이 요구될 것이다."는 누가 복음 48장에서 그 연원을 확인할 수 있다.

고대 아테네에는 텔로스(Tellus)라는 노인이 있었다. 헤로도토스(Herodotus)의 『역사(Histories)』에 나오는 이야기다. 아테네의 정치가 솔론(Solon)은 손자녀까지 둔 유복한 노인이 전장에 나가 전사한 것을 두고 '가장 행복한 사람'이라고 말한다. 통상 '행복'으로 번역되는 그리스어 에우다이모니아(eudaimonia)는 좋은 일이나 덕 있는 일을 함으로써 얻게 되는 정신적 만족을 뜻한다고 한다. 아리스토텔레스(Aristoteles)는 명예로운 삶이 행복이며, 공동체를 행복하게 만드는 유익한 행위는 '다른 사람을 위한 선'이기 때문에 가장 큰 덕이며, 또한 정의로운 것이라고 하였다. 행복은 개인적 유복함을 넘어 공동체 전체의 행복을 위하여 유익한 일을 했을 때 주어진다는 뜻이다. 현대의 공동체주의자들의 생각도 그와 다르지 않다.

제1, 2차 세계대전 때 유럽의 지도층의 자제들은 자원 참전으로 그것을 증명하였다. 거기에는 참전용사들을 존경하고 예우하는 보훈문화가 뿌리내려 있다. 보훈과 노블레스 오블리주는 상승작용을 일으키며 명예 존중의 사회적 기풍과 윤리의식을 확산하는 데 기여한다.

3) 보훈의 원칙

보훈이 그 역할을 다하기 위하여 지켜야 할 원칙이 있다. 희생과 공헌에 대한 보상과 예우는 기본적 보답일 뿐이며 기억(memory)과 연대(solidarity)야말로 궁극적 보답이다. 보훈은 함께 나눈 희생의 기억을 바탕으로 연대하고 결속함으로써 국가의 융성을 도모하는 애국적 임무(patriotic duty)라 할 수 있다.

첫째는 도덕적 책임의 원칙이다.

보훈은 법적 책임을 넘는 국가의 도덕적 책임이다. 손해나 손실의 정도에 따른 배상이나 보상과 달리 희생과 공헌 그 자체에 대한 물질적, 정신적 보답이라는 뜻이다. 그렇기 때문에 국가가 발전하면 할수록 본인뿐만 아니라 유가족까지 더 잘 보살펴 드려야 한다. 2005년 버락 오바마(Barack Obama) 전 미국 대통령이 상원의원 시절에 행한 연설은 보훈의 도덕적 의미를 분명하게 보여준다.

> 그들이 우리를 위해 봉사한 것만큼 우리가 그들을 위해 봉사하고 있는지 묻지 않을 수 없습니다.(…) 이것은 우리의 애국적 임무일 뿐만 아니라 가장 기본적인 수준의 도덕적 임무입니다.

둘째는 반드시 갚아야 할 부채(debt)로 인정되어야 한다는 원칙이다.

부채라는 개념은 '갚을 보(報)' 자를 쓰는 '보훈(報勳)'이나 '보상(報償)'이 잘 보여준다. 그렇기 때문에 생활 정도를 고려하는 사회보장제도와 달리 국가가 반드시 갚아야 할 채무로 간주된다. 그럼 점에서 보면 원호(援護·일본), 부조(扶助·독일), 무휼(撫恤·중국) 등의 용어는 현대적 보훈 개념에 못 미친다.

부채의 관념은 프랑스대혁명과 관련이 있다. 1793년 프랑스 헌법에는 그 전문(前文)에 해당하는 '인간과 시민의 권리 선언' 제

21조에 "공공구제는 '신성한 부채(dette sacrée)'라는 규정을 두었다. 국가 수호자에 대한 보답은 자선이 아니라 존경에 기초한 부채로 이해되었다.* 다음은 1848년 9월 13일 의회에서 행한 샤를 피에르 가스롱드(Charles Pierre Gaslonde) 의원의 발언이다.

> 편익의 자유가 없는 곳에서는 감사의 부채(dette de reconnaissance)가 없습니다. 그것은 자연이 사람들을 하나로 묶기 위한 유대입니다. 편익이 감사이고, 감사가 편익입니다. 그것은 형제애의 유대입니다. 자선이라면 권리가 아닙니다. 자선으로 부채를 갚을 때 기다릴 감사는 없습니다, 형제가 되지 않을 것입니다.**

1820년 미국에서는 연금 수급자가 급증하자 소득과 재산이 있는 사람들에게 연금을 지급하는 것은 새로운 귀족을 만드는 것이라는 비판이 제기되었다. 연방정부는 재정 부담을 줄이기 위

---

* Bruno Cabanes, The Great War and the Origins of Humanitarianism 1918-1924, Cambridge University Press, 2014. p.35.

** Joseph Garnier, 「Le droit au travail à l'Assemblée nationale: recueil complet de tous les discours prononcés dans cette mémorable discussion」, Guillaumin et cie, 1848. p.166.

제1부 기억의 보훈   49

하여 일정 소득 이상자의 연금수급권을 배제하였다. 논쟁 끝에 연방의회는 "연금은 빈곤에 대한 위로가 아니라 양심적 부채의 청산이며 봉사에 대한 보답이다."라는 원칙을 확립하였다. 1832년 소득에 관계없이 수급권을 회복하는 조치가 이뤄졌다. "우리의 조국을 위하여 봉사한 영웅적인 남성들과 용감한 여성들에 대한 우리의 부채를 결코 갚을 수 없습니다. 그들은 우리의 영원한 감사를 얻었습니다. 미국은 그들의 희생을 결코 잊지 않을 것입니다." 보훈이 '감사의 부채'임을 강조하는 해리 S. 트루먼(Harry S. Truman) 전 미국 대통령의 말이다. 부채의 관념은 지금도 면면히 이어지고 있다.

셋째는 최대한 보상의 원칙이다.

보훈의 내용과 수준은 품위 있고 영예로운 생활이 유지, 보장될 수 있는 수준의 충분성을 지향해야 한다는 것이다. 국가의 능력이 허용하는 한 그에 상응하여 그 수준이 높아져야 하며 일회성이 아니라 계속적으로, 그리고 최대한으로 보살펴 드려야 한다는 의미다. 우리나라 「국가유공자 등 예우 및 지원에 관한 법률」에도 예우의 이념이 잘 규정되어 있다.

대한민국의 오늘은 온 국민의 애국정신을 바탕으로 전몰군경 (戰歿軍警)과 전상군경(戰傷軍警)을 비롯한 국가유공자의 희생과 공헌 위에 이룩된 것이므로 이러한 희생과 공헌이 우리와 우리의 자손들에게 숭고한 애국정신의 귀감(龜鑑)으로서 항구적으로 존중되고, 그 희생과 공헌의 정도에 상응하여 국가유공자와 그 유족의 영예(榮譽)로운 생활이 유지·보장되도록 실질적인 보상이 이루어져야 한다.

영국에서는 좀 더 구체적이다. "조국이 필요로 할 때 전장에 나가 싸우던 중의 희생은 존엄한 가치로 영구히 존중되어야 하고, 직업 활동 중의 재해보다 더 높은 수준으로 보상하며, 전사상자와 그 유족들이 필요로 하는 한 최대한 보살피는 것이 국가의 임무이다." 보훈보상이 민간보상보다 나아야 한다는 원칙의 천명이다.

넷째는 정신적 보답의 원칙이다.

보훈은 물질적 보답에서 끝나지 않는다. 희생과 공헌의 가치를 존중하고 계승하며 정체성(identity)을 지켜야 할 책임이 있다. 그들의 희생을 기억하고 삶의 귀감으로 삼아 모든 성원들이 결속함으로써 국가공동체의 존립을 유지하고 강한 국가로 발전하는 것이 보훈의 궁극적 목표이다.

제1차 세계대전에 종군한 캐나다군의 의무장교 존 매크레이(John McCrae) 중령의 〈플랑드르 들판에서(In Flanders Fields)〉라는 시와 그에 화답하여 발표한 미국 조지아대학교 모이나 마이클(Moina Michael) 교수의 〈우리는 신의를 지킬 것입니다(We Shall Keep the Faith)〉라는 시는 정신적 보답의 의미를 잘 보여준다. 캐나다는 존 매크레이 중령의 시를 가장 많이 유통되는 10달러 지폐에 넣어 중요한 의미를 부여하기도 했다. 다음은 이들 두 시의 한 부분이다.

스러진 손으로 우리가 당신들에게 던지는 횃불, 이제 당신들이 높이 들어야 하네. 만약 당신들이 죽은 우리와의 신의를 깬다면 우리는 죽어서도 잠들지 못할 것입니다. 〈플랑드르 들판에서〉

"당신이 던진 횃불을 잡고, 높이 들어 모든 죽은 이들과 신의를 지키겠습니다." 〈우리는 신의를 지킬 것입니다〉

나라 위한 희생의 가치를 소중한 정신적 자산으로 보존하고 가꾸는 것은 나라의 미래를 위하여 대단히 중요한 일이다. 국가 유공자에 대한 보상과 예우의 성패는 앞서 말한 원칙들이 현실적으로 어떻게 구현되는지에 달려 있다.

2. 보훈의 대상과 내용

1) 발전 과정

(1) 원호의 시작(1950)

1950년 4월 「군사원호법」의 제정으로 군인과 경찰 희생자에 대한 지원이 시작되었다. 6·25전쟁으로 많은 전사자가 발생하자 1951년 4월 「경찰원호법」, 1952년 9월 「전몰군경 유족과 상이군경 연금법」이 제정되었고, 1953년 10월부터 사망급여금과 소액의 연금이 지급되었지만 명목적 수준에 지나지 않았다.

(2) 전담기구의 설립과 법령체계의 마련(1961)

1961년 보건사회부, 국방부, 군경원호회 등에 분산된 원호 업무를 통합, 일원화하여 '군사원호청'이 창설되었다. 그해 「군사원호보상법」, 「임용법」, 「고용법」, 「자녀교육보호법」, 「정착대부법」, 「보상급여금법」, 「직업재활법」의 제정으로 군경 희생자의 원호를 위한 법령체계가 구축되었다. 1962년 군사원호청이 '원호처'(장관급)로 승격되고, 「국가유공자 및 월남귀순자 특별원호법」의 제정으로 독립유공자와 유족, 4·19부상자와 유족 등이 원호대상에 포함되었다.

(3) 원호에서 보훈으로 전환(1984)

1980년대는 보훈정책의 기조와 틀이 바뀌는 전환기였다. 1981년 「한국원호복지공단법」(현 한국보훈복지의료공단법)의 제정으로 병원과 재활원 등을 흡수한 원호복지공단이 설립되었다. 국민의 추앙과 존경 그리고 정신적 예우에 초점을 둔 새로운 법체계의 필요성이 제기됨에 따라 1984년 기존의 7개 법률을 통합하여 「국가유공자 예우 등에 관한 법률」이 제정되었다. 그와 함께 기관의 명칭도 '국가보훈처'로 개칭되었다. 이로써 보훈 업무는 국가유공자와 유족에 대한 물질적 지원과 병행하여 공훈의 선양과 애국정신의 계승을 위한 사업이 중요한 부분을 차지하게 되었다. 독립유공자 추가 포상, 순국선열 유해 봉환, 기념행사 등의 공훈선양사업이 보훈의 큰 부분을 차지하였다. 아울러 임시정부수립기념일(1990)과 순국선열의 날(1997)이 정부기념일로, 4·19묘지(1995)가 국립묘지로 각각 승격되었다.

(4) 시대 변화와 보훈 개념의 확장(1993~2002)

1990년대에 들어 보훈정책은 고엽제 관련자, 참전군인, 장기복무 제대군인, 특수임무수행자 등 보훈대상 범위가 대폭 확대되었다. 1991년 재향군인회 지원 업무가 국방부에서 국가보훈처로 이관되었다. 1993년 「참전군인 지원 등이 관한 법률」(현 참전유공자 예우 및 단체설립에 관한 법률)과 「고엽제후유의증 환자 진료 등에 관한 법률」(현 「고엽제후유의증 등 환자지원 및 단체설립에 관한 법률」)의 제정으로 참전용사에 대한 보상과 지원제도가 마련되었다.

1995년 광복 50주년을 계기로 「국가유공자 예우 등에 관한 법률」에서 「독립유공자 예우 등에 관한 법률」이 분리, 입법됨으로써 독립유공자와 후손에 대한 예우 시책이 진일보하는 계기가 되었다. 1997년 「제대군인 지원에 관한 법률」의 제정으로 장기복무 제대군인에 대한 상담, 직업훈련, 직장알선 등 사회복귀 지원을 위한 제도적 기반이 구축되었다.

2002년 「국가유공자 등 예우 및 지원에 관한 법률」의 개정으로 보훈처는 현충시설물에 대한 종합적 관리 기능을 확보할 수 있게 되었다. 2002년 「5·18민주유공자 예우 등에 관한 법률」의 제정으로 5·18민주화운동이 정부기념일로, 5·18묘지가 국립묘지로 승격되었다. 아울러 「참전군인 지원 등이 관한 법률」이 「참전유공자 예우에 관한 법률」로 전면 개정되어 참전자에 대한 지원이 국가유공자 예우 차원의 제도로 변화되었다. 2004년 「특수임무수행자 지원 등에 관한 법률」(현 「특수임무수행자 예우 및 단체설립에 관한 법률」)이 제정되었다.

(5) 기억 정책으로 중심 이동(2005년 이후)

2005년 「국가보훈기본법」의 제정으로 범정부적인 보훈정책 추진체계가 수립되고, 보훈에 대한 지방자치단체의 의무가 강화되었다. 같은 해 「국립묘지의 설치 및 운영에 관한 법률」의 제정으로 국립대전현충원이 국방부에서, 「독립기념관법」의 개정으로 독립기념관이 문화관광부에서 각각 보훈처로 이관되었다. 이로써 보훈정책은 국가상징정책의 핵심적 역할을 수행할 수 있게 되었다.

그 후 보훈은 내용적인 면에서 많은 보완이 있었다. 「독립유공자 예우에 관한 법률」이 몇 차례 개정되어 독립유공자 후손에 대한 지원이 강화되었고, 참전유공자에 대한 예우가 상향 조정되었다. 아울러 독립유공자의 대대적 발굴, 포상이 이뤄지고 있으며, 2019년 3·1운동 및 임시정부 수립 100주년을 기하여 대한민국임시정부기념관 건립이 결정되었다. 아울러 2020년 6·25전쟁 70주년을 계기로 「유엔참전용사의 명예선양 등에 관한 법률」이 제정되었다.

2) 보훈의 대상

「국가보훈기본법」은 보훈의 대상이 되는 국가를 위한 특별한 희생과 공헌의 범위를 ①일제로부터의 조국의 자주독립, ②국가수호와 안전보장, ③대한민국의 자유민주주의의 발전, ④국민의 생명 또는 재산의 보호 등의 공무수행으로 규정하지만 구체적인 적용 대상과 해당 요건은 개별법에 위임하고 있다. 아래에서 보는 바와 같이 「독립유공자 예우에 관한 법률」, 「국가유공자 등 예우 및 지원에 관한 법률」, 「5.18민주유공자 예우에 관한 법률」 등 7개 법률이다.

(1) 독립유공자 예우에 관한 법률
독립유공자는 일제의 국권 침탈 전후로부터 1945년 8월 14일까지의 독립운동 공로로 건국훈장·건국포장 또는 대통령 표창을 받은 사람으로 순국선열과 애국지사로 구분된다. 그중 순국선열은 일제에 반대하거나 항거하다가 순국한 사람을 말한다.

(2) 국가유공자 등 예우 및 지원에 관한 법률

「국가유공자 등 예우 및 지원에 관한 법률」에 규정된 국가유공자는 순국선열·애국지사를 비롯하여 전몰군경·전상군경, 순직군경·공상군경, 무공·보국수훈자, 6·25참전 재일학도의용군인, 4·19혁명 사망자·부상자·공로자, 참전유공자, 공상·순직공무원, 국가사회발전특별공로 순직자·상이자·공로자 등이다. 그 가운데 순국선열·애국지사는 「독립유공자 예우에 관한 법률」, 참전유공자는 「참전유공자 예우 및 단체설립에 관한 법률」이 정하는 바에 따라서 예우를 받는다.

순직·공상공무원이 국가유공자에 포함된 것은 열악한 처우 속에서도 헌신적으로 봉사한 것에 보답하기 위한 것이지만 다른 나라에서 그 예를 찾아보기 어렵다. 국가사회발전특별공로 순직자·상이자·공로자는 국가와 사회를 위하여 특별히 희생하였거나 공로가 있는 사람으로 국무회의 심의를 거쳐 결정된다. 앞서 열거된 보훈대상에 포함되지 않지만 국민의 사표가 될 만한 특별한 사례가 발생할 경우에 대비하여 마련해 둔 제도적 장치라 할 수 있다.

(3) 고엽제 후유의증 등 환자지원 및 단체설립에 관한 법률

월남전에 참전하였거나 휴전선 남방한계선 인접 지역에서 복무하고 전역한 사람으로서 고엽제 후유증 또는 후유의증에 해당하는 질병이 있는 사람에게 적용된다. 고엽제와 질병 간에 인과관계가 과학적으로 구명된 고엽제후유증환자(19개 질병)는 전상군인으로 보아 「국가유공자 등 예우 및 지원에 관한 법률」의 적용을 받는다. 과학적 인과관계가 구명되지는 않았지만 관련성이 있다고 의심이 되는 고엽제후유의증환자(19개 질병)는 「고엽제 후유의증 등 환자지원 및 단체설립에 관한 법률」에 따라 지원을 받는다.

(4) 참전유공자 예우 및 단체설립에 관한 법률

참전유공자는 6·25전쟁 또는 월남전쟁에 참전한 사람을 말한다. 그 가운데 전몰·정상군인과 무공수훈자로 등록된 사람은 「국가유공자 등 예우 및 지원에 관한 법률」에 의하여 고엽제후유증 환자로 등록된 사람은 「고엽제후유증 등 환자지원 및 단체설

립에 관한 법률」에 의하여 각각 예우 또는 지원을 받는다.

(5) 5·18민주유공자 예우 및 단체설립에 관한 법률

5·18민주유공자란 5·18민주화운동과 관련하여 사망하거나 상이를 입은 사람 또는 그 밖의 희생을 한 사람을 말한다. 이 법의 적용 대상은 「5·18민주화운동 관련자 보상 등에 관한 법률」에 따라 보상 또는 지원을 받은 사람이다.

(6) 특수임무유공자 예우 및 단체설립에 관한 법률

특수임무 수행으로 사망하거나 부상을 입은 사람 또는 특수임무를 수행한 사람을 말한다. 적용 대상은 「특수임무수행자 보상에 관한 법률」에 따라 등록된 사람이다.

(7) 보훈보상대상자 지원에 관한 법률

2012년 7월에 시행된 「보훈보상대상자 지원에 관한 법률」은 국가유공자의 범위를 더욱 엄격하게 유지하기 위하여 「국가유공자 등 예우 및 지원에 관한 법률」에서 분리한 것이다. 보훈보상대상자는 재해사망군경·재해부상군경과 재해사망공무원·재해부상공무원으로 구분된다. 전자는 군인이나 경찰·소방공무

원으로서 국가의 수호와 안전보장 또는 국민의 생명·재산 보호와 직접적인 관련이 없는 직무수행이나 교육훈련 중 사망하거나 부상을 입은 군인·경찰·소방공무원을 제외한 일반공무원을 말한다. 후자는 국민의 생명·재산 보호와 직접적인 관련이 없는 직무수행이나 교육훈련 중 사망한 사람을 말한다. 사망 또는 부상의 정도에 상응한 지원이 주어지지만 국가유공자의 범위에 포함되지는 않는다. 직무수행에서의 유공성보다 재해의 발생에 따른 국가의 책임성이 고려된 것으로 보인다.

이상에서 본 바와 같이 우리나라의 보훈대상은 다른 나라에서 예를 찾아볼 수 없을 정도로 종류가 다양하고 복잡다기하다. 〈표1〉은 이상의 보훈대상을 「국가보훈기본법」이 정한 네 범주로 예시해 본 것이다. 그러나 기본법의 네 범주와 개별법의 적용 대상이 명확하게 일치하는 것은 아니다. 예컨대 소방공무원은 '순직군경과 공상군경'에 해당하지만 두 번째 범주인 '국가수호와 안전보장'이라기보다 네 번째 범주인 '국민의 생명 또는 재산의 보호'에 가까운 성격이다.

그 밖에 보훈의 대상은 아니지만 「제대군인 지원에 관한 법률」의 적용을 받는 중·장기 제대군인이 있다. 장기복무 제대군인은 10년 이상 현역으로 복무하고, 장교·준사관 또는 부사관으로 전역한 사람을, 중기복무 제대군인은 5년 이상 10년 미만 현역으로 복무하고 장교·준사관 또는 부사관으로 전역한 사람을 말한다.

〈표1〉 보훈의 대상

범주	보훈대상(예시)	적용 법률
일제로부터의 조국의 자주독립(독립)	· 순국선열 · 애국지사	독립유공자 예우법
국가의 수호 또는 안전보장(호국)	· 전몰군경·전상군경 · 순직군경·공상군경 · 무공수훈자·보국수훈자 · 6·25참전 재일학도의용군인 · 고엽제후유증·후우의증환자 · 참전유공자(6·25전쟁, 월남전) · 특수임무유공자	국가유공자 예우법 " " " 고엽제 환자 지원법 참전유공자 예우법 특수임무유공자 예우법
자유 민주주의의 발전(민주)	· 4·19혁명 사망자·부상자·공로자 · 5·18민주유공자	국가유공자 예우법 5·18민주유공자 예우법
국민의 생명 또는 재산의 보호 등의 공무수행	· 순직공무원·공상공무원 · 국가사회발전특별공로 순직자 · 상이자·공로자	국가유공자 예우법 " "

3) 보훈의 내용

(1) 명예로운 생활 보장

국가유공자와 유족이 명예로운 삶을 영위할 수 있도록, 희생과 공헌의 정도에 상응한 금전적 보상으로 매월 보훈급여금이 지급된다. 질환의 가료, 재활, 요양에 이르는 건강의 회복과 증진을 위한 의료지원이 행하여진다. 본인과 자녀의 수업료 면제와 학습보조비 지급 등 교육지원과 채용시험 가점 부여와 공·사기업 의무고용, 직장알선과 직업훈련 등의 취업지원이 실시된다. 주택의 우선 분양(임대)과 대부지원, 인허가 우선 지원 등으로 생활 안정을 도모하며, 양육·양로보호와 보훈도우미 지원 등 재가복지서비스가 제공된다. 그 밖에 조세, 교통, 통신, 문화, 사회복지 등의 우대와 의전상의 예우가 따른다.

보훈의 범주에 속하지는 않지만 5년 이상 국방을 위하여 헌신하다가 전역한 중·장기 제대군인을 대상으로 직업 상담, 직업훈련, 구직 활동 지원 등을 통하여 빠른 사회 적응과 훈련된 인력의 효율적 활용을 도모한다. 전국 주요 도시 10곳에 제대군인 지원센터가 있다.

〈표2〉 보훈의 내용(제대군인 지원 포함)

구분	프로그램	내용
보훈대상	보훈급여금	· 보상금, 수당, 사망일시금
	교육지원	· 대학까지 수업료 면제, 학습보조비
	의료지원	· 보훈병원(6개소), 보훈요양원(7개소), 위탁병원(418개소)
	취업지원	· 채용시험 가점, 공·사기업체 의무고용, 직업훈련, 직장알선
	주택지원	· 특별 분양(임대) 및 장기 저리 자금 융자지원
	대부지원	· 장기 저리 자금 융자 및 인허가 우선지원
	양로보호	· 주거시설 운영
	우대·예우	· 수송시설 등 각종 이용 우대와 사회적 예우

구분	프로그램	내용
제대군인	생활지원 전직지원	· 교육, 의료, 대부 지원, 주택 우선 분양 · 전직 지원 컨설팅, 직업 교육 훈련, 구직활동 지원 · 제대군인 지원센터(10개소)

(2) 공훈선양과 나라사랑 정신 함양

독립유공자 포상, 기념일과 기념행사, 기념관과 국립묘지를 비롯한 기념시설의 건립과 운영, 국외 순국선열 유해 봉환, 문헌 편찬과 보급, 교육·홍보 활동, 각종 기념사업회 지원 등을 통하여 희생과 공헌을 기억하고 나라사랑 정신을 전승한다. 국제보훈 활동으로 유엔군 참전 기념행사를 개최하고, 본인과 후손을 초청하거나 현지에서 보훈행사를 갖는다. 아울러 기념시설의 건립, 참전기록의 발굴과 보존, 국가 차원의 교류와 협력을 통하여 유엔 참전국과 유대를 강화한다. 각종 기념일과 기념시설은 '3. 기억과 문화적 상징'에서 구체적으로 살펴본다.

4) 특징과 과제

우리나라의 보훈 대상자는 외국과 달리 군인과 경찰 외에도 독립유공자와 민주유공자(4.19, 5.18) 등 여러 유형의 국가유공자들이 포함된다. 오늘이 있기까지 수많은 시련을 극복하는 과정에서 국민들의 희생과 공헌이 컸다는 것을 의미한다. 우리의 오늘은 함께 겪은, 축적된 희생의 결실이다. 보훈은 근현대사를 투영한 것인 동시에 희생의 기억을 제도화한 것이다.

보훈정책은 '원호'에서 시작되어 '보훈'으로 나아갔다. 1961년 「군사원호보상법」이 제정되었지만 어디까지나 생계 안정에 주력한 '원호의 시대'였고, 자활과 자립이 강조되던 시기였다. 1970년대 이후 국력의 신장과 함께 보상 의식이 고조되었고, 1984년 「국가유공자 예우 등에 관한 법률」의 제정으로 나타났다. 그리고 국가유공자의 희생과 공헌에 상응한 물질적 보상과 함께 정신적 예우에 중점을 둔 '보훈의 시대'로 나아갔다.

그 후 국가유공자에 대한 보상과 예우는 재정적 어려움 속에서도 시대의 변화에 부응하면서 발전하였다. 보상의 수준이 크게 향상되었고 의료·복지시설이 대폭 확충되었으며, 각종 기념사업을 활성화되었다. 아울러 유엔 참전국을 대상으로 한 국제보훈과 중·장기 제대군인 지원 등으로 보훈정책의 영역이 확대되었다. 국가보훈처는 보훈병원(6개소), 보훈요양원(7개소), 복지시설(3개소)을 비롯한 의료·복지시설과 국립묘지(11개소, 2개소 추가 건립 중), 독립기념관, 대한민국임시정부기념관 등 방대한 기념시설을 관장하는 국가상징체계의 일부가 되었다. 물질적 보상과 예우를 넘어 국가적 기억에 관계하는 일종의 '역사기구'로 성격이 변화되었다.

보훈의 발전 과정에서 나타난 특징을 요약하면 다음과 같다. 첫째, 성격은 생계지원에 중점을 둔 '원호'에서 물질적 지원과 정신적 예우를 포함하는 '보훈'으로 변화되었다. 둘째, 영역은 호국과 독립에서 민주 분야로 확대되었다. 국가적 공헌에서 사회적 공헌으로 넓어졌다는 뜻이다. 셋째, 대상은 신체적 희생이 있는 전몰(순직) 군경과 전상(공상) 군경에서 모든 참전자(6·25전쟁과 베트남전쟁)로 확대되었다. 넷째, 신분과 직역 중심에서 공로의 개념으로 변화되고 있다. 예컨대 국립묘지 안장 대상에 과학, 문화, 예술, 체육계 등 민간 분야의 사람들이 포함되었다는 점을 들 수 있다. 여섯째, 〈표3〉에서 보는 것과 같이 보훈정책의 중심이 국민의 가치관과 정체성에 관여하는 기억 정책으로 나아가고 있다.

국가공동체 내에서 보훈의 궁극적 목표는 '기억을 통한 연대'이다. 분단이나 내전을 경험하지 않은 국가에서 보훈이라면 그것은 당연한 일이다. 그러나 온전한 하나의 국가공동체를 이루지 못했다면 다른 이야기다. 기억과 연대의 파열을 피하기 어렵기 때문이다. 남, 북한의 보훈은 어쩔 수 없이 분단과 냉전의 산물이

다. 각기 다른 국가공동체하에서 형성된 기억과 그를 통한 연대
가 하나의 민족공동체에서는 연대와 통합이 아닌 분열의 기제로
작동하기 쉽다. 제2부 통합의 보훈으로 넘어가기 전에 기억이론
과 보훈의 문화적 상징을 살펴보는 것도 의미가 있을 것 같다.

〈표3〉 공훈선양 정책의 변화 과정

1980	1990	2000	2010	2020
4·19의거기념일('73) 현충일 주관('83)	「국가유공자 등 예우에 관한 법률」 제정('84) 기념사업국 신설('90) 임시정부 수립 기념일('90) 「참전군인 지원에 관한 법률」 제정('93) -참전기념사업 6·25전쟁일 행사('94) 4·19국립묘지('94) 4·19혁명 기념일('94) 순국선열의 날('97)	영천, 임실호국원('01) 현충시설물 관장('02) 5·18국립묘지('03) 5·18민주화운동 기념일('03) 3·15국립묘지('03) 3·15의거 기념일('03) 「국립묘지의 설치 및 관리에 관한 법률」 제정('05) 대전현충원, 독립기념관 인수 이천호국원('08)	유엔평화기념관('14) 산청호국원('15) 서해수호의 날('16) 독도의용수비대 기념관('17) 선암선열공원('18) 학생독립운동기념일('18) 2·28민주운동 기념일('18) 3·8민주운동 기념일('18)	호남호국기념관('20) 「유엔참전용사의 명예선양 등에 관한 법률」 제정('20) -유엔군 참전의 날 -유엔참전용사 국제추모의 날 6·10만세운동 기념일('21)

3. 기억과 문화적 상징

1) 집단기억

'기억'은 과거를 현재화하는 것이다. 기억에 관한 연구는 프로이트(Sigmund Freud), 융(Carl G. Jung), 뒤르켐(Emile Durkheim), 베르그송(Henri Bergson) 등에게서 시작되어 모리스 알박스(Maurice Halbwachs, 1877-1945), 얀 아스만(Jan Assmann)과 알레이다 아스만(Aleida Assmann) 부부, 피에르 노라(Pierre Nora, 1931-) 등으로 이어졌다.

1950년 모리스 알박스는 개인적, 심리적 차원의 연구를 넘어 '집단기억(La Mémoire collective)'이라는 새로운 기억이론을 제시했다. 기억의 주체는 개인이지만 특정한 사회집단에 투영되어 의사소통과 상호작용으로 재구성된다고 본다. 집단기억은 내부의 응집력을 높이는 반면에 대외 배타성을 강화한다. 알박스는 집단기억이 선택, 변용, 왜곡의 위험성이 있다고 보고 기억과 역사를 구별한다. 기억은 가까운 과거의 공간에서 형성되어 구체적이고 절대적이지만 역사는 객관적, 보편적 진리를 추구한다는 것이다.

얀 아스만과 알레이다 아스만 부부는 문화적 기억(cultural memory)을 통하여 알박스의 한계를 넘어서고자 했다. 아스만 부부는 기억을 소통적 기억과 문화적 기억, 기능기억과 저장기억으로 구분한다. 문화적 기억이란 개인적 기억이나 소통적 기억과 달리 다양한 문화의 한 부분으로 존재하는 것으로서 역사적이고 신화적인 시간의 틀에서 작동하며 문화적 정체성의 토대가 된다는 주장으로 역사를 기억의 범주에 포함한다. 가까운 과거와 달리 기억의 공간이 사라진 후라도 문자, 기록물, 건축물, 유적지, 박물관, 언어 등의 문화적 매체와 상징으로 재해석되고 공유되어 집단의 정체성이 강화된다는 것이다. 따라서 기억을 역사의 범주에 포함한다.

피에르 노라는 공화국, 민족, 프랑스들(1, 2, 3) 등 5권의 방대한 저술인 『기억의 장소(Les Lieux de Mémoire)』를 통하여 프랑스의 정체성을 성찰하였다. 기억이 사라지고 남아 있지 않다는 것을 전제로 박물관, 도서관, 기념비, 묘지 등의 장소나 유형의 기념물뿐 아니라 국기, 사서, 사전, 기념일, 구호, 선언문 등 상징적 이미지를 포함한 '기억의 장소'가 지닌 정치적, 사회적, 문화적 의미를 분석하였다. 노라는 기억은 살아 있는 집단에 의하여 끊임없이 생성되고 진화하고 망각되며 활용되고 변용되는 살아 있는 것이지만 역사는 더 이상 존재하지 않는 것에 관한 재구성을 위한 지적 활동이며 비판적 담론이라고 말한다.

기억의 공간, 매체, 장소는 같은 개념이다. 기억은 본질적으로 과거를 현재화하는 것이다. 기억은 그 자체로 사라진 세대와 잊힌 사건의 회상이지만 공동체 구성원 사이의 의사소통을 통하여 과거와 현재를 이어준다. 그것은 또한 수직적, 수평적 교감의 공간을 통하여 기억의 상이함이 억제되고 공통점이 강조됨으로써 공동체에 대한 애착심과 정체성이 강화된다. 그러나 기억은 주관성이 강하고 선택적이다. 경계할 것은 노라가 지적한 것처럼 '발명된 전통(invented traditions)'의 위험성이다.

2) 기억정책

1790년 7월 14일 파리의 연병장 샹 드 마르스(Champ de Mars)에서 대혁명 1주년을 기념하고 혁명의 대의를 재확인하는 연맹제(Fête de la Fédération)가 개최되었다. 그리고 1791년 9월 4일 프랑스 최초 헌법은 기본권 조항(Titre Premier)의 마지막 부분에 공화국의 통합을 위한 기억의 보존과 전승을 위한 축제의 조직에 관하여 규정하였다.

프랑스 혁명의 기억을 보존하기 위하여, 시민들 사이의 형제애를 유지하기 위하여, 그리고 헌법과 조국, 그리고 법에 복종하도록 하기 위하여 국가적 축제가 조직될 것이다.

프랑스는 '기억의 공화국'이라 불릴 만큼 기념제와 수많은 기념물로 가득하다. 노라를 비롯한 학자들이 대작 『기억의 장소』를 출간한 것도 기념제가 왕성했던 시기와 일치한다. 혼란스러운 '기억의 장소'에 관한 성찰이 필요했다는 뜻이다.

프랑스는 대통령이 주재하는 전쟁기억고위위원회를 두고 있다. 거기서 매년 기억정책(Politique de Mémoire)*의 중요 방향이 결정된다. 위원회는 다음과 같은 세 가지 목표하에 운영된다. 첫째, 교육적, 문화적, 역사 연구적 차원에서 참전 기념의 의미를 강화하기 위한 모든 차원의 조치를 취한다. 둘째, 희생에 관한 기억을 새롭게 하는 명예, 헌신, 조국의 의미를 심화하는 기념행사의 프로그램과 관련된 지침을 마련한다. 셋째, 어떤 경우에도

---

* 보훈교육연구원, 「국제보훈동향 연차보고서(제2차) 프랑스」, 2012, 131쪽. 조셉 지메트(Josept Zimet)는 기억정책의 목적을 1)국민의 응집, 2)비극에 대한 기억의 유지와 전승, 3)미래 세대를 위한 호국 정신의 지속, 4)국제사회 영향력 유지와 확대 등을 든다.

참전에 대한 도덕적인 근본 가치를 수호한다.

기억정책은 나라마다 차이가 있다. 영국에서는 현충일과 같은 공식적 추모행사 외에 정부는 후원자적 역할에 그치며, 대개 왕립재향군인회나 민간조직이 중심이 된다. 미국은 행정부(보훈부), 상·하원(상임위원회), 사법부(특별법원) 등 삼부가 함께하는 완벽한 보훈 시스템을 가지고 있다. 보훈부는 보상, 의료, 국립묘지 관리에 집중한다. 기억과 추모 활동은 대학, 민간단체, 지역사회 등의 역할이 크다. 그에 비하여 캐나다, 오스트레일리아, 뉴질랜드 등에서는 보훈부의 역할이 크다.

우리나라의 경우 「국가보훈기본법」에 따라 국무총리를 위원장으로 하는 국가보훈위원회가 설치, 운영되고 있지만, 기억정책의 방향 설정이나 프로그램의 수립과 평가체제로서 역할이 크지 않은 편이다. 지방자치단체의 역할이 더 많이 필요한 상황임에도 불구하고 중앙정부에 대한 의존도가 높다. 189개 기념사업회를 비롯한 많은 민간단체가 있지만 재정적 기반이 취약한 편이다.

3) 문화적 상징

기억을 제도화한다는 것은 국가에 대한 애착심과 신뢰를 갖게 하고 정체성을 강화하는 데 기여한다. 보훈의 문화적 상징은 기념일, 무명용사의 묘, 꺼지지 않은 불꽃, 국립묘지, 기념물, 언어, 꽃, 나무, 동물, 그림, 음악, 색깔 등 다양하다. 여기서는 대표적인 기억의 날인 현충일과 기억의 장소인 무명용사의 묘, 꺼지지 않은 불꽃, 국립묘지, 기념물, 추모의 상징을 중심으로 살펴본다.

(1) 현충일

현충일은 순국선열과 전몰장병의 숭고한 호국정신과 위훈을 기리기 위한 최고의 국가 제례 의식으로 1953년 6월 6일 육·해·공군 합동 '전몰장병 추도식'에서 비롯되었다. 1956년 서울 동작동 국립묘지에서 첫 현충일 추념식이 열렸다. 6월은 6·25전쟁이 들어 있는 달이라는 상징성이 있고, 그해 6월 6일은 24절기 가운데 하나인 망종이었다. 망종은 벼나 보리처럼 수염이 있는 곡식의 씨앗을 뿌리기 좋은 절기로서 예로부터 제사를 지내는 풍습이 있었다고 한다. 현충일은 「각종 기념일 등에 관한 규정」(대통령령)에서 지정된 53개 기념일 가운데 하나이다. 국가 최고의 제례라는 점을 고려하면 법률로 규정하여 위상을 높일 필요가 있다. 참고로 3·1절, 광복절(이상 경축일), 유엔군 참전의 날(7.27), 유엔참전용사 국제추모의 날(11.11)은 법률로 규정된 기억의 날이다. 우리나라 기억의 날은 〈표4〉와 같다.

세계 최초로 현충일(Memorial Day)을 지정한 나라는 미국이다. 남북전쟁 직후인 1868년에 시작된 '장식의 날(Decoration Day)'이 그 기원이다. 영국, 프랑스 등의 현충일(Remembrance Day)은 11월 11일, 제1차 세계대전의 종전협정이 서명된 날이다. 영국에서는 붉은 양귀비꽃 조화를 가슴에 착용하기 때문에 포피 데이(Poppy Day)라고도 한다. 미국 최초의 도시공원 보스턴 코먼(Boston Common)에는 매년 현충일마다 전사자 수를 상징하는 37,000여 개의 성조기를 꽂는다. 영국 런던의 웨스트민스터 대사원의 '기억의 들(Field of Remembrance)'에는 양귀비꽃 조화를 단 흰색 십자가 10만 개가 빼곡히 들어선다.

(2) **무명용사의 묘**(Tomb of Unknown Soldier)

무명용사의 묘는 가장 중요한 추모의 상징이자 기억의 장소이다. 베네딕트 앤더슨(Benedict Anderson)은 『상상의 공동체』에서

"근대 민족문화의 상징으로 무명용사의 기념비나 무덤보다 더 인상적인 것은 없다. 일부러 비워 놓았거나 누가 그 안에 누워 있는지를 모른다는 바로 그 사실 때문에 무명용사의 기념비와 무덤에 공식적으로 의례적 경의를 표한다는 것은 일찍이 전례가 없었던 일이다."라고 하였다.*

가장 극적인 것은 1920년 11월 11일 영국의 웨스트민스터 사원의 역대 국왕들 사이에 한 무명용사의 유해를 안치하는 장면일 것이다. 영국은 1920년 11월 11일 80여만 명의 전사자 가운데 플랑드르에서 한 명의 무명용사의 유해를 봉환하여 웨스트민스터 대사원에 안치하였다. 이름조차 알 수 없는 무명용사에게 영광을 바치고 국왕과 같은 반열에 올리게 된 것은 국민이 주권자가 되었음을 상징적으로 보여주는 것이다.

신과 조국에 대한 본분을 다하였으므로 역대 국왕들 사이에 묻히노라.

미국은 1921년 11월 11일 프랑스에서 제1차 세계대전 전사자

* 베네딕트 앤더슨, 윤형숙 옮김, 『상상의 공동체』, 나남출판, 2002, 29쪽.

의 유해를 운구하여 알링턴 국립묘지에 '무명용사의 묘'를, 1954
년 필라델피아의 워싱턴 광장에 '독립전쟁 무명용사비'를 설치했
다. 이탈리아 또한 1921년 11월, 로마 시내 중심부에 위치한 베
네치아 광장에 있는 '빅토리오 에마누엘레 2세 기념관'의 '조국의
제단' 밑에 '무명용사의 묘'를 설치하였다. 그 후 무명용사의 묘
는 캐나다, 오스트레일리아, 벨기에, 러시아, 폴란드, 남미 등으
로 확산되었다.

우리나라에도 국립서울현충원 학도의용군무명용사탑 뒷면에
"이곳에 겨레의 영광인 한국의 무명용사가 잠드시다"라 새겨진
무명용사묘가 있지만 서양과 같은 강한 상징성을 갖기에는 부족
함이 있다.

(3) 꺼지지 않는 불꽃(Eternal flame)

신화의 세계에서 불은 영원성의 상징이었다. '꺼지지 않는 불
꽃'은 근대 유럽에서 재현된 국가 영속성의 상징이라 할 수 있
다. 프랑스는 1920년 11월 11일을 기하여 개선문 아래에 50여만
명의 전사자를 대표하는 무명용사의 유해를 안치하고 '꺼지지
않는 불꽃(Eternal flame)'을 세웠다. 프랑스에서 시작된 '꺼지지
않는 불꽃'은 '무명용사의 묘'와 마찬가지로 전 세계로 확산되었

다. 우리나라도 순천만국가정원에서 '꺼지지 않는 불꽃'을 볼 수 있지만 국가 차원에서 세워진 것은 아니다.

(4) **국립묘지**(National Cemetery)

국립묘지는 보훈의 문화적 코드 중에서 가장 중요한 상징이다. 어느 나라건 기념관이나 기념물이 즐비하지만 국립묘지만큼 큰 울림을 주는 곳은 없다. 낡은 기록의 역사를 살아 숨 쉬게 하기 때문이다. 국립묘지는 정체성을 확인하고 결속과 통합을 이루는 곳이다. 미국 알링턴 국립묘지의 모토는 '명예(Honor), 기억(Memory), 탐구(Explore)'이다. 명예롭게 죽은 이들을 기억하고, 애국심을 배우는 '살아 있는 역사(Living History)의 장소'라는 뜻이다.

우리나라의 국립묘지는 6·25전쟁이 끝난 1954년 3월부터 서울 동작동 일원에 묘역 조성이 시작되어 1956년 4월에 개장되었다. 국군묘지로 출발했지만 국군 외에 순국선열 등이 안장 대상에 포함되면서 1965년 3월 국립묘지로 승격되었다. 지금의 국립묘지는 현충원(서울, 대전), 호국원(영천, 임실, 이천, 산청, 괴산), 4·19민주묘지(수유리), 3·15민주묘지(마산), 5·18민주묘지(광주), 신암선열공원(대구) 등 11개소가 있다. 안장 수요의 증가에 대비하여 건설 중인 연천과 제주 국립묘지가 완공되면 13개소로 늘어난다.

(5) 기념물(Memorial)

기념물은 기념관, 기념공원, 기념비, 기념탑, 동상, 명판 등 매우 다양하다. 기념물은 돔, 오벨리스크, 삼각형, 육각형, 장방형 등 다양한 형태로 세워진다. 나아가 강, 도로, 다리, 공원, 학교, 도서관 그리고 체육관이나 운동장의 이름에 명명되기도 한다. 기념물은 '추모의 언어'를 시각화한 기억의 공간이다. 언어는 시간의 제약이 있지만 공간은 그렇지 않다. 기념비에 새겨진 '추모의 언어'는 기억을 소환하고 활성화한다.

『기억의 장소』의 공동 저자인 앙투안 프로스트(Antoine Prost)는 프랑스의 기념비를 공민적 기념비(monument civique)와 애국적 기념비(monument patriotique)로 구분한다. 전자가 시민의 의무, 자유와 공화주의를 강조하는 소박한 기념비라면 후자는 영웅적 이미지가 강조되는 크고 화려한 조형물이다.* 간소하게 세

---

* 피에르 노라 외, 김인중·유희수 외 옮김, 「기억의 장소 1 공화국」, 나남, 2010, 197~200쪽.

워졌던 기념비가 점차 통일된 기억을 강요하는 거대한 기념비로 변화되는 경향을 보였다고 한다.

우리나라에는 기념관, 공원, 기념비, 동상 등 기념시설 2,200 여개소가 있다. 그 가운데 기억의 장소로서 큰 역할을 담당하는 기념관은 90여 개소가 있다. 독립기념관, 전쟁기념관, 대한민국 임시정부기념관, 백범김구기념관, 안중근의사기념관, 윤봉길의 사기념관, 독도의용수비대기념관, 유엔평화기념관, 호남호국기념관 등이 대표적이다. 또한 지방자치단체 등이 운영하는 서대문독립공원, 다부동전적기념관, 학도의용군 전승기념관, 화성 3·1운동기념관을 비롯하여 고광순, 김좌진, 김창숙, 서재필, 유인석, 이강년, 허위 등 대표적 애국지사의 공훈을 기리기 위하여 세워진 80여 개소의 기념관이 있다. 대표적 기억의 날과 장소는 〈표4〉와 같다.

(6) 추모의 상징

현충일을 비롯한 기억의 날에 사용되는 추모의 상징은 꽃, 나무, 음악, 색깔, 그림, 언어 등 다양하다. 추모의 꽃으로는 붉은 양귀비꽃(Poppy)과 수레국화(cornflower)가 대표적이다. 추모의 음악으로는 조곡으로 연주되는 진혼곡(Taps)과 라스트 포스트(Last Post) 외에 님로드(Nimrod), 오 용감한 마음(O Valiant Hearts), 초록 버드나무의 둑(The Banks of Green Willow), 장식의 날(Decoration Day), 놀라운 은총(Amazing Grace) 등이 있다. 우리나라에서는 추모의 꽃과 음악이 없거나 빈약하다. 추모의 상징을 갖는다는 것은 보훈의 문화 코드를 다양하게 하는 것이다. 이 분야에 대한 심층적 연구가 필요해 보인다.

4) 기념의 미래

기억을 불러낸다는 것은 어쩔 수 없이 취사선택이 따르고 특정한 신념이나 가치가 강조될 수밖에 없다. 심지어 기념식 참석자와 연설 내용조차도 정치적 의미를 띤다. 기념일과 장소는 '기억의 정치'가 행하여지는 시공간이라는 이유도 거기에 있다. 기억정책이 항상 공동체 성원의 유대와 결속을 가져오는 것은 아니다. 분단이나 전쟁을 경험한 나라에서 흔히 볼 수 있는 것처럼 집단기억이 내적 갈등을 유발하기도 한다. 국가사회주의나 후진국 정치가 보여준 것처럼 정치적으로 이용되는 경우도 있다. 무엇을 기억할 것인가? 정치적 성격을 띨 수밖에 없다.

기억의 동심원에서 보면 1차적 기억의 주체는 직접 체험한 당사자다. 그다음이 가족과 친척, 동료와 이웃 그리고 대중이다. 그중에서 가장 순수하고 강렬한 것은 당사자와 가족이다. 기억의 동심원을 그린다면 중심을 향하는 구심력이 작용한다. 그러나 대중에게는 원심력이 작용하며 역사교육이나 정치적 영향을 받는다. 1차적 기억의 속성은 '슬픔'이지만 2차적 기억에는 '가치'가 더해진다. 무엇을 기념할 것인가? 거기에는 취사선택이 작용한다. 두 개의 국가공동체에서 하나의 민족공동체로 나아간다면 한층 더 복잡해진다. 기억이 연대와 통합의 기제가 아니라 분열의 씨앗이 될 수 있다는 것이다. 그런 점에서 미래를 내다보는 객관적 사실의 전달에 중심을 둔 기억정책을 지향할 필요가 있다고 본다.

<표4> 기억의 날과 장소

구분		내용
기억의 날	경축일	3·1절, 광복절
	기념일	현충일(6.6)
		대한민국임시정부 수립 기념일(4.11) 6·10만세운동 기념일 학생독립운동기념일(11.3) 순국선열의 날(11.17)
		서해수호의 날(3.26) 6·25전쟁일 유엔군 참전의 날(7.27) 유엔참전용사 국제추모의 날(11.11) 재향군인의 날(10.8)
		2·28민주운동 기념일 3·8민주의거 기념일 3·15의거 기념일 4·19혁명 기념일 5·18민주화 운동 기념일
기억의 장소	무명용사묘	학도의용군 무명용사탑·학도의용군의 묘(서울현충원)
	국립묘지	현충원(서울, 대전), 호국원(영천, 임실, 이천, 산청, 괴산), 4·19민주묘지, 3·15민주묘지, 5·18민주묘지, 신암선열공원, *연천, 제주 국립묘지 건설 중
		국가관리묘역(북한산 수유리 독립유공자 묘역, 안성 전몰군경 합동 묘역)
	주요 기념관	독립기념관, 전쟁기념관, 대한민국임시정부기념관
		백범김구기념관, 안중근의사기념관, 윤봉길의사기념관, 유엔평화기념관, 독도의용수비대기념관, 호남호국기념관
		서대문독립공원, 학도의용군전승기념관, 다부동전적기념관, 화성3·1운동기념관 등 80여 개소(지방자치단체 등)

제2부

통합의 보훈

1. 분단의 기억과 통합

1) 독일

(1) 배경

독일은 제2차 세계대전의 패전으로 영국, 프랑스, 미국, 소련 4개국에 분할 점령되었다. 동부지역 대부분을 소련과 폴란드에 넘겨주는 등으로 영토의 4분의 1을 상실하였다. 1949년 5월 서방의 점령 지역에 독일연방공화국(서독)이, 소련의 점령 지역에 독일민주공화국(동독)이 각각 수립되었다.

분단 후 동베를린 주민들의 서베를린으로의 탈출이 이어지자 장벽이 설치되었다. 그러나 자유를 향한 행렬은 그치지 않았다. 1989년 9월 헝가리 정부가 오스트리아 쪽 국경을 개방하자 동독 주민의 대규모 탈출로 이어졌다. 그해 11월 9일 분단의 상징이던 장벽이 무너지고, 1990년 말까지 약 25만 명이 탈출하였다.

동독 내 반정부 시위가 전국으로 확산하면서 1989년 10월 18일 에리히 호네커(Erich Honecker) 서기장이 사퇴하였다. 동독 인민의회는 12월 1일 헌법을 개정하여 공산당에 지도적 역할을 부여한 조항을 삭제하고, 공산당 중앙위원회와 정치국을 해체하였다. 그에 앞선 11월 28일 서독의 헬무트 콜(Helmut Kohl) 총리는 연방의회에서 '독일과 유럽의 분단을 극복하기 위한 10단계 방안'을 제시한 바 있었다.*

1990년 2월 동독 모드로 수상의 서독 방문을 계기로 콜 총리는 동독이 근본적인 개혁을 단행하고 동독 정부가 민주주의적 정통성을 인정받는다는 조건하에 경제통합과 화폐통합을 실시한다는 내용의 통합 방안을 제안하였다.

1990년 3월 동독에서 처음이자 마지막으로 인민의회 구성을 위한 자유 총선거가 실시되었다. 93.4%의 기록적 투표율 속에 기민당 중심의 '독일동맹'이 약 50%의 지지를 얻었다. 그것은 헬무트 콜 총리의 통합 방안에 대한 지지를 의미했다. 사민당을 포함한 절대 과반수 의석으로 연립내각을 구성한 새 동독 정부는

---

* 통일원, 「독일통일 실태 자료집」, 1994, 25~32쪽.

"기본법 제23조를 원칙으로 하는 독일통일에 관하여 서독과 협상한 후 동독 전체를 위하여 이를 신속하고 책임감 있게 실현한다."는 목표를 수립하였다.* 그것은 공산당 정권하에서 폐지되었던 5개 주(Land)를 부활하여 독일연방에 가입하는 방식의 통일을 의미했다. 이로써 동·서독은 점진적 통합 대신에 빠른 통일의 길로 나아갔다.

1990년 4월 24일 본에서 헬무트 콜과 드메지어(Lothar de Maiziere) 총리는 「화폐·경제·사회 통합에 관한 국가조약」의 체결에 합의하였다(7월 1일 발효). 이어 7월 22일 동독 인민의회는 구 동독 공산당이 해체한 5주를 부활하고, 지방자치법을 통과시켰다. 8월 23일 인민의회는 "1990년 10월 3일을 기하여 기본법 제23조에 입각하여 독일민주공화국이 독일연방공화국 기본법 적용 영역으로 가입한다."는 것을 의결하였다.** 그리고 8월 31일 가서명된 통일조약이 9월 20일 동·서독의 의회에서 비준됨으로

---

* 통일원, 「독일통일백서」, 1994. 9.

** 독일연방공화국 기본법 제23조는 "기본법은 우선적으로 바덴, 바이에른, 브레멘, 서베를린, 함부르크, 헤센, 니더작센, 노르트라인-베스트팔렌, 라인란트-팔츠, 슐레스비히-홀슈타인, 뷔르템베르크-바덴 그리고 뷔르템베르크-호엔촐레른의 지역에서 적용된다. 독일의 다른 지역에 대해서는 가입 이후에 효력을 발생한다."라는 규정이었다.

써 통합 절차가 마무리되었다. 이로써 1990년 10월 3일, 구 동독 지역의 5주(신연방주)와 서독의 11주(구연방주)가 합쳐져 독일연방공화국이 탄생하였다.* 베를린 장벽이 무너진 뒤 불과 11개월 만에 이루어진 극적인 변화였다.

(2) 통합 과정

① 정치적 리더십

동·서독의 통일은 냉전 질서의 와해라는 국제정세의 변화에 기민하게 대처한 정치적 리더십의 결과였다. 20년에 걸친 공식(6차), 비공식(3차) 정상회담과 서독의 일관된 동방정책, 그리고 그것을 신뢰한 동독 주민의 선택이 만들어 낸 결과였다. 독일 정부가 발표한 『독일통일과 신연방주 재건에 관한 자료집(Materialien zur Deutschen Einheit und zum Aufbau in den neuen Bundeslaendern)』에서는 동독인들의 서독에 대한 신뢰와 헬무트 콜 총리의 일관성 있는 리더십이 주효한 것으로 나와 있다. 동독

* 통일원, 위의 책, 12쪽.
통일부, 『독일통일총서』, 2013, 43쪽.

의 인민의회가 연방 가입을 의결한 것은 자유를 선택한 것이지만 동독 주민들의 신뢰가 있었기에 가능한 것이었다.

동독인들은 통일의 갈망을 포기하지 않고 모든 독일인들의 자결권을 추구할 것임을 믿어 의심치 않았다. 게다가 헬무트 콜 총리가 영도하는 연방정부는 국내의 정치적 반발이 증가함에도 불구하고 한순간이라도 정책상의 혼란에 빠져들지 않았다. 콜 총리의 정책이 성공할 수 있었던 전제조건은 서독이 EC회원국과 밀접한 관계를 유지하면서 북대서양 동맹체제인 NATO에 공고하게 협력하는 데 있었다. 독일의 외교 안보상 유럽 정책에 대한 신뢰성과 예측가능성은 모든 인접국과 우방국들로 하여금 독일통일을 불가피한 사실로서 수용토록 하는 국제적인 신뢰의 장을 마련해 주었다.*

1970년 3월 동독 에르푸르트에서 브란트-스토프(Brandt-Stoph) 제1차 정상회담을 시작으로 그해 5월 서독 카셀에서 제2차 정상회담, 1981년 12월 동베를린 근교에서 슈미트-호네커(Schmitt-Honecker) 제3차 정상회담, 1987년 9월 서독 본에서 콜-호네커

---

* 통일원, 『독일통일백서』, 1994, 1쪽.

(Khol-Honecker) 제4차 정상회담으로 이어졌다.* 그리고 1989년 12월 동독 드레스덴의 콜-모드로(Khol-Modrow) 정상회담, 1990년 2월 서독 본의 콜-모드로 정상회담, 1990년 4월 24일 서독 본의 콜-드메지어(Khol-de Maizières) 정상회담은 동·서독의 구체적 통합 방법이 주된 의제였다.

서독은 1960년대 중반까지도 할슈타인 원칙((Hallstein Doctrine)을 고수하였다. 그것은 서독이 자유선거에 의한 의회와 정부를 가진 독일지역의 유일한 합법국가로서 동독과 외교관계가 있는 국가와 외교관계를 맺지 않는다는 원칙이다. 그때까지 서독은 자신들이 독일 민족을 대표한다는 입장에 있었고, 동독 정권의 민주주의적 정당성을 인정하지 않았다.

1970년 동·서독은 두 차례 정상회담을 통하여 입장 차를 확인하였다. 동독은 서독의 대표성을 거부하고, 할슈타인 원칙의 폐기를 주장하면서 평화공존과 국제법상 국가관계의 수립을 주장하였다. 그러나 서독은 독일 민족의 단일성을 추구하면서 동·서독을 내부 특수 관계로 규정하려고 했다. 1972년 12월 21일 유럽의 평화 질서 창출에 기여하면서 독일 민족의 자유로운 자결권

---

* 통일원, 『동서독 정상회담 사례집』, 1994 참조.

행사를 통하여 재통합의 달성을 위하여 노력한다는 것을 골자로 한 기본조약(Grundlagenvertrag)이 체결되었다. 동·서독이 공통의 언어와 역사와 혈연관계로 구성된 민족의 일부분이라는 것을 인정하고, 4대국의 권리와 책임의 존속을 재확인하며, 유엔과 유럽의 질서를 존중하면서 동등하고 평화로운 관계를 발전시킨다는 것이 주된 내용이었다.* 서독은 동독을 독일의 일부로 간주하는 종래의 입장에서 한 발 물러서서 동등한 관계를 인정하였고, 동독은 독일 민족의 단일성을 받아들였다.

콜 총리는 1989년 11월 '10단계 통일방안'과 1990년 2월 통합의 전제조건으로 모드로 총리에게 민주화 조치를 요청하였다. 1990년 3월 동독 최초의 자유선거를 통하여 인민의회가 구성됨으로써 이 요청이 관철되었다. 대화의 시작에서부터 통일이 이뤄질 때까지 민주적으로 구성된 정부만이 독일을 대표할 수 있다는 논리가 일관성 있게 유지된 셈이다.

요약하면 독일통일의 성공 요인을 다음과 같이 정리할 수 있다. 첫째, 서독의 일관되고 지속적인 통일정책과 민족 동질성 확보를 위한 노력이 밑거름이 되었다. 서독은 통일이라는 용어마

---

* 통일원, 「독일통일 실태 자료집」, 1994, 17~19쪽.

저도 사용하지 않고 접근이라는 용어를 쓰면서 인적, 물적 교류를 통해 독일공동체에 대한 관심과 인식을 부단히 개선하였다. 동독 주민들에게 신뢰를 줌으로써 빠른 통일을 지지하게 하였을 뿐만 아니라 통독 후 사회통합에서도 유리한 환경이 조성되었다. 독일의 통일에는 구동독 주민의 선택이 결정적이었다.

둘째, 동독이 차지하는 비중이 크지 않았고 서독은 이를 포용할 자세와 능력이 구비되어 있었다는 점이다. 통독 당시 인구에서 3.8배, 면적에서 3.3배, GNP 규모에서 7.9배, 병력에서 2.9배로 모든 면에서 서독이 월등하였기 때문에 독일통일은 정치적으로는 국가 대 국가의 통합이었지만 인구, 국토, 경제 규모에서는 일부 지역의 편입이라고 볼 수 있었다. 이로써 서독의 앞선 제도로 수용하면서 화폐 교환 비율이나 연금액 조정 기준을 실질 구매력 이상으로 보장할 수 있었고* 현실적으로 서독 국민들의 이해를 얻는 데 도움이 되었다. 반면에 1인당 소득에서 서독이 2.1배로 상대적으로 차이가 적었다.

---

* 화폐의 실질구매력에서 4:1 정도로 서독마르크화가 우세하였으나 교환율에 있어서는 임금과 연금(현금과 저축예금은 4,000마르크까지)은 1:1로, 4,000마르크 이상의 예금에 대해서는 1:2로 교환하였다.

셋째, 과거사 청산은 정당에 집중되었다. 동독의 사회주의통일당(SED) 정권의 불법행위에 대한 사법적 청산에 신중한 태도를 견지한 반면에 동독 정권 피해자에게는 적극적인 보상이 이루어졌다는 점이다. 사법 청산의 기준은 행위 당시 유효했던 동독의 법률에 따라 형사소추가 가능했던 경우에 한하고, 동독의 법보다 가벼운 처벌을 보장하는 경우에 연방법이 행위지의 법에 우선하여 적용되며, 조직 내에서 개인의 책임 부분을 측정할 수 있어야 한다는 것 등이었다.* 그에 따라 사살 명령과 같은 반인륜적 범죄에는 실형이 선고되었지만 불가피하게 동조했던 경우에는 관대하게 처리되었다.** 통합 과정에서 우려되었던 구 동독군의 처리는 일정한 정리 기간을 두고 봉급과 실업수당을 주면서 전역시킴으로써 새로운 체제에 정착할 수 있도록 하였다. 요컨대 적극적인 처벌 정책보다는 구 동독 정권에 의하여 정치적 이유로 핍박받았거나 희생된 자에 대한 복권과 보상에 방점이 있었다.

---

* 통일부, 「과거청산분야 관련 정책문서」(독일통일총서7), 2014, 17쪽.
  통일원, 「독일통일백서」, 1994, 120~126쪽.
** 서병철, 「독일통일의 성공요인과 통일」, 한국정치사학회, 『정부수립50년의 한국의 좌표와 미래의 전망』, 1998.8, 162쪽.

넷째, 동·서독 주민 간의 인적 통합은 여전히 현재 진행형이라는 사실이다. 2019년 통독 30주년을 맞아 독일 연방경제에너지부가 발표한 「독일 통일 현황 연례보고서」에 따르면 2018년 기준으로 구 동독지역의 1인당 국내총생산(GDP)이 구 서독지역의 75%, 평균임금이 84% 수준으로 나타났다. 구 동독지역의 구 서독지역 대비 1인당 GDP는 1991년 42.9%에서 2000년 67.2%, 2008년 70.9%로 꾸준히 격차를 좁혀 왔다.* 그러나 구 동독 주민의 57%가 스스로를 B급 시민으로 여기고 있다고 한다. 이 비율은 1996년 조사의 71%보다는 좁혀진 결과이기는 하다.**

② 민주시민 교육

1952년 서독은 의회주의와 민주주의에 관한 이해를 높이기 위하여 내무부 산하에 '지역 정치교육을 위한 연방본부'를 설치하였다. 1963년 유대인에 대한 인종차별적 범죄가 재연된 것을 계기로 연방정치교육원(Bundeszentrale für politische Bildung)으로

---

* 《중앙일보》, '베를린장벽 붕괴 30년' 감동도 끝…통일 대박은 없었다(2019. 11.10).

** 독일 시사주간지 《포쿠스(Focus)》 1996.9.30.

개편하였다. 교육의 내용도 사회변혁, 여성, 동방정책, 환경, 평화, 안보, 유럽 통합 등으로 변화되었다. 그러나 주마다 교육 내용이 달랐고, 정치의 도구화 우려도 있었다.

1976년에 좌·우파를 망라한 지식인들이 보이텔스바흐(Beutelsbacher)라는 소도시에 모여 정치교육의 새 원칙을 채택하였다. 이른바 보이텔스바흐 합의(Beutelsbacher Konsens)는 강압 금지 원칙, 논쟁의 투명성 원칙, 주관성 원칙 등이다. 정치적 입장을 가진 개인으로서 교사와 교육적 책무를 지닌 교사의 역할을 명확하게 분리함으로써 교육의 전문화를 추구하였다.[*] 한스 울리히 자이트(Hans-Ulrich Seidt) 전 주한 독일 대사는 재임 시 강연을 통하여 연방정치교육원의 역할을 언급하면서 이념적 접근보다 객관적 정보를 제공하는 것이 중요하다는 견해를 밝힌 바 있다.[**]

연방정치교육원은 서독 주민의 민주시민 의식을 제고하였을 뿐만 아니라, 통독 후 동독 주민에게 민주주의를 교육하여 사

---

[*] 최영돈, 「독일통일과 장기적 과정으로서의 사회통합: 독일 연방정치교육원의 역할을 중심으로」, 『경영 컨설팅리뷰』 제5권 제2호, KNU경영컨설팅연구소, 2014.8, 99~100쪽.

[**] 민주평화통일자문회의 초청 강연회(2012.2.15.) 발언 요지.

회통합에 이바지하고 있다. 그와 함께 전반적인 교육 시스템에도 변화가 있었다. 동독의 이념과 국가 중심 교육체제가 철폐되고, 학부모와 주정부 책임의 자유민주주의 교육으로 전환되었다.* 그에 따라 구 동·서독 주 사이에 자매결연 방식의 교육협력이 이뤄졌다. 그에 앞선 1990년 3월부터 서독의 교과서가 동독에 공급되었다. 그 외 동독 사회주의통일당(SED)의 독재를 재조명하는 학술적 청산, 공공 교육센터와 민간단체의 활동, 박물관과 기억의 장소의 활용, 청소년 교육의 강화 등을 통하여 과거사에 대한 이해를 높이는 방향으로 진행되었다.**

③ 보훈제도의 통합

구 서독은 1950년 「연방부조법」(Bundesversorungsgesetz)을 제정하여 전시·평시 병역 또는 병역과 유사한 복무로 인한 피해자와 전쟁의 직접적인 영향으로 건강상 피해를 입은 민간인을 대상으로 전쟁 희생자 부조제도를 시행하였다. 적용 대상은 첫째, 군사적 혹은 군사적 업무와 유사한 복무 종사, 둘째, 군사적 또

---

* 통일부, 「교육통합 분야 관련 정책문서」(독일통일총서 17), 2016, 36쪽.
** 통일부, 「과거청산 분야 관련 정책문서」(독일통일총서 7), 2014, 88~100쪽.

는 군사적 업무와 유사한 업무를 실행하는 과정에서 일어난 사고, 셋째, 군사적 또는 군사적 업무와 유사한 업무로 발생한 특이한 관계, 넷째, 전쟁포로, 다섯째, 독일국민 또는 독일민족이라는 이유로 억류된 일, 여섯째, 군사적 혹은 그와 유사한 일과 관련한 불공정한 형벌 또는 강제조치, 일곱째, 직접적인 전쟁 결과로 인한 피해(세계대전 전쟁무기로 인한 피해), 여덟째, 전투와 관련된 군사적 또는 행정적 조치 및 피난이나 군대 주둔으로 인한 비일상적인 위험, 아홉째, 중상이자나 유족 또는 간병인 등의 동반자로서 필요한 조치를 하던 중에 발생한 사고 등이다. 지원 내용은 상이 정도와 생계 능력에 따라 지급하는 기본연금을 골간으로 하여 조정연금, 중상이자 및 미망인 대상의 부가수당, 간호수당, 자녀수당, 상이자 차량구입지원, 시각장애 상이자 보조금 등의 급여제도 외에 의료보호, 장제지원, 일종의 융자제도인 자금일시불 제도가 있었다. 그 외 보충적 지원으로 직업재활, 교육지원, 요양보호 등이 있었다.

구 동독의 모든 근로자들은 그가 근무하는 직장을 통하여 일자리, 주택, 의료, 연금이 보장되었다. 동독 주민 90%가 사회보험에 가입되어 있었지만 1980년대 중반 이후 의료시설의 노후화, 연금 수준의 실질 가치 하락, 각종 보조금으로 인한 재정 압

박 등의 문제가 발생하였다.* 전쟁 희생자에게는 사회주의 국가의 일반적인 형태와 같은 사회보장 체계에서 불구, 폐질 등 노동력 상실에 대한 생활보호 형태로 이루어졌다.** 그 밖에 군인, 경찰, 세관원, 국가보위부원을 대상으로 하는 특별연금제도가 운영되었고, 군복무 때문에 상이를 입은 경우에는 「연금보상법」에 따라 연금과 휴양비 등 부가적 급여가 주어졌다.

　1991년 1월 1일부터 서독의 「연방부조법」이 신연방(구 동독)으로 확대되었다. 연금과 수당 등의 금전적 보상은 연금보험에서 동·서독 간의 연금 재평가를 통한 동일화 기준에 따르도록 하였다. 1993년 7월 기준으로 23만 7천 명을 연방부조 대상자로 결정하였다.*** 구 동독군의 특별연금제도는 폐지되었고, 그 청구권이 서독의 연금보험에 이양되었다. 다만, 국가보위부원에 대하여는 연금산정액이 제한되었다. 그 외 의료보호, 장제지원, 직업재활, 교육지원, 생계부조, 정양보호 등의 보충적 프로그램은 그대로 확대 적용되었다.

---

* 　통일부, 「사회복지, 연금 분야 관련 정책문서」(독일통일총서 13), 2016, 143~144쪽.

** 　통일원, 「독일통일 6년, 동독재건 6년」, 1996, 440쪽.

*** 통일원, 「독일통일백서」, 1994, 410쪽.

「복권법」과「청산법」의 제정으로 독일사회주의통일당(SED) 정권하에서 정치적 이유나 민주화 운동 등으로 희생된 사람들의 한 복권이 이루어지고, 연방부조법의 적용을 받게 되었다. SED희생자는 정치적 핍박을 목적으로 판결함으로써 범죄 구성과 형량에 현저한 불균형이 있었던 경우로서 수감 중에 건강상 피해를 입은 자와 그 때문에 사망한 자의 유가족이다. 아울러 정치적 이유로 추방되어 건강상 피해를 입은 자와 그 결과로 사망한 자의 유가족, 고의적이고 불법적인 폭행을 당하거나 이를 방어하다가 건강상 피해를 입은 사람들과 유가족에게도 연방부조법이 적용되었다.*

④ 기념일과 기념물의 조정

서독의 국가와 국기가 독일연방의 상징이 되었고, 구 동독 지역의 문화유산은 원형 복구되었다. 일종의 현충일인 '국민 애도의 날(Volkstrauertag)'은 전쟁, 폭정, 테러 등을 포함한 모든 희생

---

* 통일부,「과거청산 분야 관련 정책문서」(독일통일총서 7), 2014, 79~83쪽.
독일연방정부,「사회주의통일당-독재청산보고서」, 2013, 19쪽.
통일원,「독일통일백서」, 1994, 410쪽.

자를 애도하는 날이 되었다.

베를린에는 고대 그리스 신전 형태의 '신위병소(Neue Wache)'
라는 기념관이 있다. 1818년 왕실 경비대와 전쟁기념관을 겸하
여 세워졌으나 제1차 세계대전 전사자 추모시설로 개조되었다.
나치 정권하에서 '영웅 추모의 날'의 장소로 사용되기도 했다.
1960년대 동독 정권이 제2차 세계대전 때 파괴된 건물을 복원하
여 '꺼지지 않는 불꽃' 조형물을 설치하고 무명용사와 나치 강제
수용소 희생자의 유해를 안치하였다. 1993년 통독 후 전쟁 희생
자와 독재정권 희생자를 위한 독일 연방공화국의 중앙기념관으
로 재탄생되었다.

그 밖에 600개소 이상의 기억의 공간이 만들어졌다. 베를린
장벽 기념관(Gedenkstätte Berliner Mauer)은 분단의 상징물이자
서독 탈출 희생자를 기리기 위한 대표적 추모시설이다. 60미
터의 장벽의 잔재를 이용하여 구성한 것으로 분단의 비극을 그
대로 보여준다. 그와 함께 옛 동독 국가안전부와 정치범 수용
소 등 역사의 현장이 보존되어 기억의 장소로 활용되고 있다.
베를린의 슈타지 박물관(Stasi Museum)과 호휀쉔하우젠 기념관
(Gedenkstatte Berlin-Hohenschönhausen), 라이프치히의 슈타지 병

커 박물관(Museum im Stasi-Bunker) 등이다.*

(3) 특징과 시사점

보훈의 통합은 서독의 보훈제도가 구 동독지역으로 확대 적용됨으로써 무난하게 달성되었다. 그 이유를 살펴보면, 첫째, 독일의 보훈이 국가유공자에 대한 예우가 아니라 전쟁희생자에 대한 부조와 사회보상의 성격을 띠고 있었던 것을 들 수 있다. 다시 말해 국가유공자 여부를 가릴 필요가 없이 피해가 존재한다는 객관적 요건만으로 지원이 가능한 법적 성격을 띠고 있었다.

둘째, 비록 분단이 되었지만 내재적 요인이 없이 국제 역학적 요인에 의한 것이었으며, 분단 후에도 서로 무력 충돌이 없었기 때문에 인적 장애가 크지 않았다. 그러나 통합의 원칙은 분명히 있었다. 전쟁 희생자에게는 동등한 자격을 부여하였지만 분단 후 순직하였거나 부상을 입은 군인은 법적 사고보험이나 근무 중 부상조정법에 따라 처리되었다. 독일의 방식은 일종의 투 트랙(two track) 방식이었다. 공통적 부분을 하나로 묶어 대상 집단을 동질화함으로써 분란의 여지를 최소화하였다고 할 수 있다.

---

* 통일부, 「과거청산 분야 관련 정책문서」(독일통일총서 7). 2014, 94~96쪽.

셋째, 연방정치교육원을 통한 민주시민 교육이 큰 역할을 하였다. 보이텔스바흐 합의로 이념에 매몰되지 않는 중립적, 전문적 입장을 견지하면서 사실과 정보의 제공을 위주로 교육이 이뤄졌고, 통일 후 구 동독 주민에 대한 민주주의 교육에 대비할 수 있었다. 분단과 전쟁을 경험한 국가라면 공동체 의식과 동질성 제고를 위한 연구와 준비가 한층 더 중요할 것이다.

2) 베트남

(1) 배경

베트남은 1885년부터 1945년까지 '프랑스령 인도차이나'에 편입되어 프랑스의 지배를 받았다. 1941년 일본군이 남부 베트남에 진주하여 프랑스 세력을 축출하는 과정에서 '베트남 제국'이 세워졌지만, 일본의 패망으로 1945년 베트남민주공화국이 수립되었다. 프랑스가 다시 남부지역을 점령하자 제1차 인도차이나 전쟁(First Indochina War, 1946-1954)이 발발하였다. 보 응웬 잡(Võ Nguyên Giáp) 장군이 지휘한 베트남독립동맹(Viet Minh)은 1954년 5월 북베트남의 라오스 국경지대에서 벌어진 디엔비엔푸 전투(Battle of Dien Bien Phu)에서 프랑스군에 결정적 승리를 거두었다. 제네바협정으로 휴전이 성립되어 북위 17도선 북부지역에는 베트남인민공화국(북베트남)이, 남부지역에는 미국의 지원하에 베트남공화국(남베트남)이 수립되었다.

1955년 11월 북베트남, 라오스, 캄보디아 사이에 베트남 전쟁(Vietnam War)이 발생하였다. 1960년 남베트남에서 결성된 민족해방전선(NLF)은 게릴라전으로 세력을 확대하였다. 1964년경 농촌마을 약 3분의 2를 장악하였지만 남베트남 정부는 효과적으로 대처하지 못했다. 1964년 8월 통킹만 사건으로 미 해군 구축함이 북베트남군에 피격된 것을 계기로 베트남 전쟁은 국제전(제2차 인도차이나 전쟁)으로 확대되었다.

18개 국가(단체)가 개입하여 10년 가까이 계속되던 베트남 전쟁은 1973년 1월 미국, 북베트남, 남베트남, 민족해방전선 사이에 파리평화협정이 서명되었다. 그에 따라 미군의 철수가 이루어지고 1975년 4월 30일 사이공이 함락됨으로써 1976년 7월 2일 베트남 사회주의 공화국(Socialist Republic of Vietnam)이 성립되었다.

베트남은 1955년부터 1975년까지 20년간의 분단을 경험했다. 1995년 베트남 정부의 발표에 따르면 1964년부터 1975년 종전 때까지 남, 북베트남 군인과 베트콩을 포함하여 총 121만 명이 전사하고 110만 명이 부상을 입었다.[*] 민간인 사망자도 61만 명이 넘었다. 이어진 캄보디아 침공(Cambodian-Vietnamese War), 중국-베트남 전쟁(Sino-Vietnamese War) 등으로 또 다시 많은 전사상자가 발생하였다.

(2) 통합 과정

① 정치적 리더십

통일 당시 남·북 베트남의 국력에는 큰 차이가 없었다. 1974년 기준으로 남과 북은 면적에서 17만 대 16만 평방 킬로미터, 인구에서 1,958만 명 대 2377만 명이었다. 파리평화협정의 당사자는 미국, 북베트남, 남베트남, 민족해방전선 등 4자였다. 그러나 통일 후 북베트남은 남부를 직접 통치하기 시작했다. 3년 내지 5년간 남베트남의 체제가 유지되기를 바랐던 민족해방전선의 희망과 다른 것이었다.[**] 1975년 9월 남베트남의 구권(舊券)을 500대 1로 신권(新券)으로 교환하는 환전이 이뤄졌다. 그러나 가구당

---

[*]   유인선, 「베트남의 역사」, 이산, 2018, 426쪽.
[**]   위의 책, 428쪽.

10동(Dong) 기업당 50동까지, 교환 기간은 단 이틀에 불과했다. 그것은 동·서독의 화폐통합 방식과 완전히 다른 것이었다.

1976년 7월 2일 국회는 국명을 베트남 사회주의 공화국으로 변경 의결하였고, 1945년 이래 사용되던 진군가를 국가로, 금성 홍기를 국기로 채택하였다. 아울러 북부의 하노이를 수도로 정하고 남부의 사이공을 호찌민시로 개칭하였다. 전 지역에서 사회주의 혁명을 완성한다는 목표로 새로운 사회 건설에 초점이 모아졌다. 그에 따라 베트남 노동당에서 베트남 공산당으로 당명이 변경되었다. 더 이상 남베트남 민족해방전선 가담자들을 의식할 필요가 없었고, 권력을 분담하는 연합정부 단계를 거칠 이유가 없었다. 북부의 인물들이 남부 정권을 접수하고, 주요 직위를 차지하였다.

1980년 12월 베트남은 신헌법을 제정하였다. 제정 과정에서 제안과 공청회 등을 통하여 1,750만여 명이 참여했다고 한다.* 신헌법 전문은 1930년 이래 베트남 공산당의 반외세 투쟁과 인민 혁명을 통하여, 수립되었음을 분명히 하였다. 전문은 표현상

---

* Pham Diem(Vietnam State and Law Institute), "Vietnam's 1980 Constitution", Vietnam State and Law Institute, 31th March, 2011.

의 차이는 있지만 2013년 11월 28일 개정 헌법(2014.1.1 시행)에
이르기까지 유지되고 있다.

1930년 이래 호찌민 주석의 의하여 창설되고 단련된 베트남 공
산당의 지도 아래 러시아 10월 혁명의 길을 따라가는 우리 인민
은 일본, 프랑스, 미국 제국주의자들과 그들의 추종자들을 연속
적으로 물리치고 민주주의 인민 혁명을 완성하였다.

1980년 신 헌법 제4조는 "노동자 계급의 선봉이자 전투 참모
로 마르크스-레닌주의로 무장된 베트남 공산당은 국가와 사회
를 주도하는 유일한 권력을 구성하며, 베트남 혁명의 승리의 결
정적 요소이다."라고 규정하였다. 그에 따라 베트남 공산당의 주
도로 계획경제, 상공업 국유화, 농업 집체화 등의 사회주의 개혁
이 추진되었다. 그 과정에서 1985년까지 230만 명이 신경제지역
으로 강제 이주되었다.[*]

---

[*] 주 베트남 대한민국대사관, 「베트남 통일 이후 국민 통합 과정 및 부작용
    과 우리의 통일 추진에 주는 교훈」, 2005, 9쪽. 신경제지역으로 이주는 그
    후에도 계속되어 1996년까지 약 450만 명에 이른다고 한다.

통일 후 가치통합은 베트남 전역에서 사회주의 이념을 확립하는 데 있었다. 1979년 교육개혁을 통하여 미취학 아동의 교육을 강화하고, 의무교육 기간을 9년으로 확대하였으며, 기술교육을 강조하였다. 남부 주민들을 대상으로 한 사회 재교육은 두 방향으로 진행되었다. 남베트남에는 160만 명의 정권 종사자들이 있었고, 그중 100만 명이 재교육에 등록하였다.* 사회주의 이념과 체제에 순응하게 하는 일반 주민에 대한 교육과 달리 정치인, 군인, 관료, 교사, 사업가 등은 수용소에 격리하여 일종의 문책성 교육을 실시하였다고 한다.

1979년 미국-베트남 출국 프로그램에 따라 군부 지도자 등 수만 명이 미국을 비롯한 서방국가로 떠날 수 있었지만 그렇지 못한 대다수의 참전자들은 학살을 당하거나 재교육 조치를 받았다고 한다. 중국 국경에 접한 산악지대를 비롯하여 100여 곳에 수용소가 설치되어 각각 2천 명 내지 4천 명이 구금되었다고 한다.** 또한 미개척지에 신경제지역을 설치하고 강제 이주시켰는

---

* 이한우, 「베트남 통일 이후 남부의 사회통합 과정에서 계급구조의 변화, 1975~1985」, 『국제·지역연구』 18권 4호 2009 겨울, 76쪽.

** 주 베트남 대한민국대사관, 앞의 보고서, 15쪽. 출처에 따라 최소 5만 명에서 최대 100만 명에 이른다. 국제사면위원회(1989)는 50만 명으로 추산하

데 1975년부터 1985년까지 230만 명에 이른다고 한다.[*] 그러나 반외세 민족주의를 고양하고 사회주의 이념과 체제를 부식하려는 급진적인 사회주의 개혁은 성공적이지 못했다는 평가를 받는다. 게다가 1978년 캄보디아를 침공함으로써 사실상 국제사회에서 고립되는 상황에 처하였다. 1986년 도이 머이(Doi Moi)로 불리는 개혁·개방 정책은 불가피한 선택이었다. 그 이후 베트남은 계획경제와 시장경제의 원리를 결합하는 방식으로 새로운 활로를 모색함으로써 높은 경제성장을 지속하고 있다. 2013년 12월 28일 개정된 베트남 헌법(2014년 1월 1일 시행)은 그 전문에서 도이 머이 개혁·개방정책의 성과를 강조하고 있다.

② 보훈제도의 통합

베트남의 보훈은 1946년 호찌민의 전상자와 혁명열사에 대한 우대 선언에서 비롯되었다. 아홉 명의 자녀를 독립전쟁에 바친 '어머니 영웅'에게 존경과 관심이 고조되던 시기였다. 보훈은 베트남 사회주의 공화국 헌법의 한 부분을 차지하고 있다. 1980년

였다.
[*] 주 베트남 대한민국대사관, 앞의 보고서, 9쪽.

신헌법에서 신설된 이래 현행 헌법에 이르기까지 그 원칙이 유지되었다. 그러나 '혁명열사'와 같은 상징적 표현에서 '국가에 공을 세운 사람', 즉 '국가유공자'라는 일반적 명칭으로 바뀌었다. 그간의 헌법상 규정을 차례로 살펴본다.

국가는 조국을 위하여 희생한 전쟁 부상자와 사망자의 가족을 우선적으로 대우하는 정책을 수립하며, 전쟁 부상자들이 일할 수 있는 능력을 회복하고, 건강 상태에 상응한 직업을 갖고 안정된 생활을 영위할 수 있는 조건을 만든다. 혁명에 봉사한 개인과 가족은 보상과 보살핌을 받는다.(1980년 신헌법 제74조)

상이군인, 열사의 가족은 국가의 우대 정책을 향유한다. 상이군인에게 건강에 부합되는 직업을 주어 생활을 안정시킨다. 국가에 공이 있는 자와 가족을 포상하고 돌본다.(1990년 헌법 제67조)

전상자, 질병 군인, 그리고 전사자와 혁명열사의 가족은 국가정책에서 우대를 받는다. 전상자는 신체 재활에 유리한 조건을 누려야 하며, 그들의 건강 상태에 상응한 고용과 안정된 생활 여건의 확보에 도움을 주어야 한다. 국가에 공을 세운 사람과 그

가족에게는 표창과 보상이 주어지고 보살핌을 받는다.(2001년 개

정 헌법 제67조)

국가와 사회는 국가에 공을 세운 사람들을 존경하고, 칭송하며,

보답하며, 우선적 처우를 시행한다.(2013년 헌법 제59조)

2013년 11월에 개정된 헌법 제68조에 방위산업 종사자와 그
가족에 대한 국가의 특별 지원 규정이 신설되었다. 국방과 경제
의 결합을 통한 미래지향적 부국강병의 국가전략이 반영된 것으
로 보인다.

국가는 인민의 애국심과 혁명적 영웅주의를 온전히 계발하고,

국방과 안보에 관하여 전 인민을 교육하고, 군대의 무장을 위한

적절한 장비를 확보하기 위하여 국가 방위산업을 건설한다. 국

방과 경제를 조화시키며, 군인의 가족에 대한 적절한 정책을 시

행하고, 군사와 치안의 성격에 부합하도록 장교와 군인, 국가방

위 종사자와 피고용자를 위한 적절한 물질적, 정신적 생활조건

을 보장하기 위해 노력한다. 강력한 인민군을 건설하고 국가방

위 잠재력을 끊임없이 강화한다.

1947년 북베트남은 보훈부(Ministry of Invalids and Veterans)를 설치하여 독립투쟁에서 희생된 사람을 우대하는 정책을 강구하도록 하였다. 1975년 보훈사회부로 개편되었다가 1987년 지금의 노동보훈사회부(Ministry of Labour-Invalids and Social Affairs)로 통합되었다. 「혁명유공자 우대에 관한 국회 상무위원회 법령」과 「참전군인에 관한 국회 상무위원회 법령」에 따라 애국열사국(Department of National Devotees)을 통하여 연금, 주거지원, 의료지원 그리고 교육, 취업, 창업 등의 우대 조치와 감사운동, 열사묘지 관리, 사적지 보존 등 기념사업을 시행한다.

혁명유공자의 범위는 1945년 1월 1일 이전의 혁명운동가, 1945년 1월 1일부터 동년 8월 19일까지의 기간 동안의 혁명운동가, 열사(혁명 혹은 전쟁 과정에서 직접 전투에서 사망하거나, 체포 혹은 고문, 부상으로 인하여 사후 사망하거나 실종 처리된 자), 베트남 영웅어머니(2인 이상의 자녀가 열사로 사망한 경우 등), 인민군영웅과 노동영웅(훈장을 받은 자), 전상군경(노동능력 21%이상 상실자), 질병군경(노동능력 61%이상 상실자), 유독물질에 감염된 저항운동가(고엽제 피해 등으로 노동능력 21%이상 상실자), 적군에 의하여 체포·감금되었던 혁명운동가와 저항운동가, 조국해방과 보호를 위하여

활동한 저항운동가, 기타 혁명 활동 관련 운동가 등이다.[*]

③ 기념일

베트남 최고의 기념일은 독립기념일(9월 2일)이다. 그날은
1945년 호찌민이 독립을 선언한 날로 헌법 제13조 4호에 따라 유
일하게 국경일로 지정되었다. 해방기념일(4월 30일)은 남베트남
을 해방한 날이다. 7월 27일은 현충일에 해당하는 '상이·열사의
날'이다. 매년 7월 27일을 전후하여 감사운동(Den on Dap Nghia)
이 전개된다. 감사의 표시와 함께 특별한 선물이 지급된다. 보통
20만 동이나 40만 동(2018년 기준) 상당의 금품이다.[**]

④ 국립묘지와 메모리얼

1970년대 이후 베트남은 전사자의 유해를 발굴하여 열사묘
지(Martyrs' Cemetery)에 안장하였다. 마이딕(Mai Dich), 트롱손
(Trường Sơn), 호이안(Hội An) 등이 대표적이다. 반면에 1965년

---

[*]   임범상, 「베트남 보훈제도 및 국가유공자 지원 법률 현황」, 『최신 외국법
       제 정보』 2019. 제2호, 한국법제연구원, 2019, 33~35쪽.

[**]   Thu Trang-Bao Tram, "More Preferential treatment to revolutionary
       contributors", The Voice of Vietnam, July 31, 2018.

남베트남 정부가 세운 빈안묘지(Bình An Cemetery)는 2006년까지도 접근이 금지되었을 정도로 황폐해졌다. "여기 범죄의 대가를 치른 미국의 괴뢰가 누워 있다."라는 표지가 그들의 현주소를 대변한다.

베트남 전쟁과 관련한 기념시설은 수도 하노이를 비롯하여 디엔비엔푸, 다낭, 호이안 등에 20여 개소가 산재해 있다. 하노이 국회의사당과 호찌민 사당 근처에 위치한 전쟁기념관은 혁명열사의 희생을 기리기 위한 것이다. 북베트남군 출신 전사자는 조국을 위하여 희생한 열사(Liệt sĩ)로* 국가적 추모의 대상이지만 남베트남 출신은 그렇지 않다. 그중에는 프랑스의 지배하에서 독립투쟁에 참가했던 어제의 동지들도 있다. 국가의 독립을 위해 함께 싸웠지만 반대 편에 서서 싸운 전몰병사들은 고결한 전사들의 공간에 발을 들여놓을 수 없었다.** 심지어 '베트콩(Viet Cong)' 출신까지도 차별을 받았다고 한다. 개인적으로 조상을 모시는 것도 쉽지 않다고 한다. 가족으로서의 의무와 새 국가의 반

---

* 열사(리엣 시)는 혁명 혹은 전쟁 과정에서 직접 전투에서 사망하거나, 체포 혹은 고문, 부상으로 인하여 사망하거나 실종 처리된 자를 말한다.
** 권헌익 지음, 유강은 옮김, 『학살 그 이후-1969년 베트남전 희생자들에 대한 추모의 인류학』, 아카이브, 2012, 49쪽.

대편에서 싸운 사람들을 기려서는 안 된다는 정치적 의무 사이에서 갈등과 혼란이 야기되었다.[*]

(3) 특징과 시사점

남·북 베트남의 통일은 무력으로 이루어진 흡수통일이다. 북쪽의 사회주의 체제를 남쪽으로 확대 적용하는 일방적인 것이었다. 다시 말하면 양측 체제가 결합된 새로운 국가의 건설이라기보다는 사회주의혁명의 연장이었다. 남부 주민의 재교육을 통하여 새로운 가치관을 이식하고 사회주의 체제에 순응하게 하는데 초점이 있었다. 그런 상황에서 남베트남 출신 참전자가 설 자리는 없었다.

베트남은 수도 하노이를 중심으로 한 북부, 중동부 해안, 남부의 호찌민(구 사이공) 주변 등 세 권역으로 구분된다. 북부에 비하여 남부가 더 평균 소득이 높고 빈곤율(poverty rate)이 낮다. 외국인 투자의 집중으로 경제적 활력이 앞서기 때문이다. 높은 성장률에도 불구하고 1인당 국민소득은 2,540달러(세계은행, 2019년), 세계 137위에 불과하다. 베트남 정부는 공산당 창당 100주

---

[*]   위의 책, 122쪽.

년이 되는 2030년까지 중진국 수준에 도달하는 것을 목표로 하고 있다. 거기에는 경제정책 못지않게 사회통합의 토대가 필요할 것이다.

얼마 전부터 '베트콩'을 '남부해방군(Liberation Army of South Vietnam)'으로, 남베트남을 '베트남공화국(Republic of Vietnam)'으로 부르기 시작했다고 한다. 사회통합을 위한 변화의 일단인지 여부는 좀 더 지켜보아야 할 것 같다.

3) 예멘

(1) 배경

① 분단과 통일

예멘은 16세기 이후 오스만 제국의 지배를 받았다. 아라비아 반도 남단 아덴만 홍해 입구에 위치한 아덴은 인도 항로의 거점이었고, 홍해 연안의 모카는 커피 무역의 중심지였다. 1839년 영국이 아덴을 점령하고 남부 일대를 장악하였다. 1918년 제1차 세계대전이 끝난 후 이슬람 지도자 이맘(Imam)이 통치하는 예멘 왕국(Kingdom of Yemen)이 수립되어 영국의 아덴 보호령을 제외한 전역을 통치하였다. 1963년 아덴의 봉기로 영국이 철수한 후 1967년 11월 소련의 지원 아래 아덴 보호령에 남예멘 공화국 (Republic of South Yemen)이 수립되었다. 이로써 예멘 왕국(북예멘)과 남예멘공화국(남예멘)으로 분리되었다.

1962년 9월 북예멘에서 살랄(Sallal)이 이끄는 장교단에 의하여 자본주의를 표방한 예멘아랍공화국(Yemen Arab Republic)이 선포되었다. 영국의 지원을 받는 예멘 왕국과 소련의 지원을 받는 예멘아랍공화국 사이에 북예멘 내전(North Yemen Civil War)이 발생하였다. 1972년까지 계속된 내전은 예멘아랍공화국의 승리로 끝났다.

북예멘이 내전을 겪는 동안 남예멘 또한 혼란을 거듭하고 있었다. 영국의 철수로 경제적 침체 속에서 극좌파의 집권으로 대규모 국유화가 실시되었다. 1970년 국명까지 예멘 인민민주주의공화국(People's Democratic Republic of Yemen)으로 변경되었다.

북예멘은 이슬람 원리와 자본주의 시장경제를, 남예멘은 사회주의와 계획경제를 표방하였지만 공히 외국의 원조에 의존하는 경제였다. 북예멘은 미국의 원조로 체제 안정에 어느 정도 성공할 수 있었지만, 남예멘은 고립정책으로 경제적 피폐 속에서 공산국가의 원조까지 중단됨으로써 붕괴의 위기를 맞아하였다.

게다가 남·북 예멘 사이에는 국경 문제로 수차 무력 충돌과 테러가 발생하였다.

1986년 1월 남예멘의 정변으로 새 정권이 들어서 개혁·개방정책을 추진하였다. 영국의 지배를 받은 남부의 아덴 지역은 중산층이 성장해 있었다. 때마침 남·북 예멘 국경지대에 유전이 발견된 것을 계기로 공동 이익에 대한 높은 기대로 통일 분위기가 고조되었다. 남·북 예멘은 아랍, 유럽, 소련, 중국, 미국과 관계를 개선하여 통일 환경을 조성하였다. 사회주의 체제의 부식을 우려하는 사우디아라비아와도 관계를 개선하였다. 1989년 동구권의 붕괴도 통일에 도움이 되었다.* 그러나 예멘의 통일이 국제정세의 변화에 편승한 것만은 아니었다. 민족 단일성을 바탕으로 인적·물적 교류와 신뢰, 양쪽 정치 지도자들의 통일 의지, 법제의 정비 등으로 준비된 모범적 합의 통일이었다.**

1989년 11월 아덴 정상회담을 시작으로 그해 12월 통일헌법 초안이 발표되었다. 1990년 4월 22일 사나 정상회담에서 '예멘공화

---

* 홍순남, 「예멘의 정치발전과 이슬람」, 『중동연구』제23권 2호, 한국외국어대학교 중동문제연구소, 2005.14.
** 장명봉, 「남북예멘의 통일과정과 통일헌법에 관한 연구」, 『분단국가 통일헌법 자료집』, 통일원, 1995, 36~37쪽.

국 선포 및 과도기에 관한 합의서'가 서명되고, 5월 22일(예멘공화국 '통일의 날') 전격적으로 통일이 이뤄졌다. 이로써 북예멘의 수도인 사나를 정치적 수도로 하고, 남예멘의 수도인 아덴을 경제적 수도로 하는 예멘 공화국(Republic of Yemen)이 탄생하였다.

② 1차 내전(1994.5~1994.7)

남, 북 50:50의 권력 안배 원칙에 따라 행정부, 의회, 군부가 조직되었지만 남예멘 공산당 출신 정치인들의 안전과 이익 보장에 대한 불만이 표출되었다. 결국 1994년 5월 예멘 민주공화국(Democratic Republic of Yemen)이 선포되고 내전으로 발전하였다. 군대를 하나로 통합하지 못한 채 직책만 배분하는 방식으로 통일이 이뤄진 탓이었다. 예멘 공화국의 뒤에는 미국·이집트·인도 등이, 예멘 민주공화국의 뒤에는 사우디아라비아·중국 등이 있었다. 북예멘 군대가 두 달 만에 남예멘의 아덴을 점령함으로써 1994년 7월 재통일이 이뤄졌다.

③ 2차 내전(2014~현재)

2011년 '아랍의 봄'의 시위 사태로 33년간 집권하던 살레(Ali Abdullah Saleh) 대통령이 하야하고, '범국민대화회의(National

Dialogue Conference)'와 '평화·국민화합 협정(Peace and National Partnership Agreement)' 등을 통하여 어렵게 국가통합으로 나아가고 있었다. 그러나 2014년 9월 북부 시아파 무장단체 후티(Houthi)가 수도 시나를 점령하는 사태가 발생하였다. 2015년 1월 대통령궁이 점령됨으로써 하디(Abd Rabbuh Mansur al-Hadi) 대통령 대행의 예멘 정부가 붕괴되고, 살레 전 대통령이 이란의 지원하에 후티 세력과 제휴하여 권력을 장악하였다. 2015년 2월 후티 세력은 일방적으로 혁명위원회, 국민의회 등을 설치하고 통치권을 선포하였다.

이란을 제외한 아랍 국가와 국제사회는 후티의 통치권을 불법으로 규정하고 대사관을 아덴으로 옮겨 예멘 정부를 측면 지원하였다. 하디 대통령은 사우디아라비아로 피신하였고, 사우디가 주도하는 이슬람 수니파 연합군이 2015년 3월 예멘 내 후티 세력을 공습함으로써 다시 내전이 발발하였다.

하디 정부가 사실상의 수도인 아덴을 중심으로 최소한의 정부 기능을 유지하고 있으나 남부 분리주의 세력 때문에 어려움이 가중되고 있다. 유엔과 국제사회의 공조로 2018년 12월 휴전에 합의하였지만 불안정한 상황이 지속되고 있다.[*] 지금까지 23만 3천여 명이 죽고 5만 명이 부상을 입었다. 아이들 8만 5천 명이 아사하였고, 난민 315만여 명이 발생하였다.

(2) 통합 과정

① 정치적 리더십

남·북 예멘은 1990년대 초 냉전 체제가 해체되는 해빙기를 맞아 아랍 민족주의(Arab Nationalism)를 바탕으로 공동의 경제적 이익에 대한 기대감이 고조되면서 전격적으로 통일을 달성할 수 있었다. '선통일, 후조정'이라는 방식을 통하여 통일 과정에서 강대국의 개입 여지를 최소화하는 한편, 30개월의 과도기를 거쳐 통일헌법을 확정하고 총선거를 통하여 통일국가 체제를 완성하였다.

남·북 예멘의 통일은 단기간의 결실이 아니었다. 1979년 쿠웨이트 정상회담을 시작으로 '주민 왕래에 관한 협정(1980)'과 '통행자유화협정(1988)'을 체결하였다. 또한 '아덴합의서(1980)', '예

---

[*] 주 예멘 대한민국대사관, 「예멘 약황」, 2020.1. 참조.

멘관광주식회사의 공동 설립에 관한 협정(1980)', '교역 활성화
를 위한 특별공동위원회 설치(1983)', '남북예멘 전력체계통합
(1988)', '예멘 석유·광물개발주식회사 설립(1989)' 등으로 인적
교류와 경제협력이 꾸준히 이루어져 왔다. 또한 남, 북 주민의
동질성 회복과 화합을 위하여 '공보·문화·교육 분야 업무 조정
에 관한 합의서(1980)'를 채택하고, 1984-1985 학년도부터 모든
학교에서 단일 역사 교과서를 사용하도록 하였다.*

　남·북 예멘은 통일 당시 인구 927만 명 대 235만 명(1986년), 1
인당 GNP 682달러 대 420달러(1988), 병력 36,500명 대 27,500명
(1989) 등의 차이가 있었다.** 북예멘의 사나를 정치적 수도로, 남
예멘의 아덴을 경제적 수도로 한 것은 사회통합을 위한 것이기
도 하지만 국가 발전 전략이 고려된 결과였다. 권력 배분에서도
같은 원칙이 적용되었다. 북예멘에서 대통령을 맡는 대신에 남
예멘에서 부통령과 총리를 맡도록 하였다. 1994년 내전이 발생
하기는 했지만 하나의 예멘을 원하는 국민들의 지지 속에 재통
일을 달성할 수 있었다.

---

*　　주 예멘 대한민국대사관, 「예멘의 통합 과정」, 2008.7. 참조.
**　　주 예멘 대한민국대사관, 「예멘의 통합 과정」, 2008.7. 참조.

② 보훈제도 통합

1차 내전이 끝난 1994년 9월 29일에 개정된 예멘공화국 헌법 제55조에 "국가는 법률에 의하여 전사자의 가족에 대해 특별히 보장한다."라는 규정이 신설되었다. 현행 헌법(2001.2.20. 개정) 제56조에도 같은 내용이 포함되어 있다. 이로 미루어 전사자 유가족에게 보훈이나 우대 등이 시행된 것으로 보이지만 내전 기간에 예멘민주공화국 측에 가담한 병사들이 포함되는지는 확인하기 어렵다.

(3) 특징과 시사점

남·북 예멘은 통일 전부터 주민 왕래, 문화 교류, 경제 협력 등이 꾸준히 이뤄졌다. 특히 주목할 것은 통일 10년 전부터 이미 같은 역사 교과서가 사용되었다는 점이다. 잠시 내전이 발생하기는 했지만 그것은 자신들의 입지에 불안감을 느낀 남예멘 공산당 출신 인물들의 반란에 불과하였고, 대다수 주민들은 분열을 원치 않았다.

민족 단일성에 기초하여 경제적 이익에 대한 기대로 통일이 달성되었지만 결과는 그렇지 못했다. 이슬람 율법과 문화적 차이로 갈등도 있었다. 북부는 이슬람 원리를 고수하여 여성의 지위가 낮았고 일부다처제가 허용되었다. 남부에서는 이슬람 원리에 불만이 있었고 여성의 권리가 존중되었다.[*]

남, 북 주민 간 사회통합에 문제가 있기는 했지만 지금까지도 진행 중인 2차 내전의 근본적인 원인은 종파 간의 대립과 외세의 개입이다. 그런 점에서 사회통합에 보훈이 미친 영향은 크지 않았을 것으로 짐작된다. 현재 예멘 정부가 정상적으로 작동되지 않아 법령 정보의 접근에 한계가 있다. 추후 보완이 필요한 사례이다.

2. 내전의 기억과 통합

1) 미국

(1) 배경

내전이 발발하기 전 남, 북부는 여러 면에서 이해가 달랐다. 북부는 인권의식에서 앞서 있었고, 농장 노동자의 수요가 많은

---

[*] 윤정식, 「예멘 통일과정에서의 사회통합문제」, 『베트남 및 예멘의 통합사례 연구』, 통일원, 1995, 158~161쪽.

상공업 중심의 경제구조를 가지고 있었다. 일찍이 평등주의를 기치로 세워진 펜실베이니아를 시작으로 뉴욕, 뉴저지, 매사추세츠 등에서 노예제가 폐지되었다. 그것은 면화농업을 주된 산업으로 하는 남부에 위기감을 불러왔다. 남부에 다수 존재하던 준주(Territory)는 자유주가 될 가능성이 높았다. 그렇게 되면 남부의 입지는 한층 더 좁아질 수밖에 없었다.

1857년 대법원은 '미주리 타협(Missouri Compromise)'에 위헌 결정을 내렸다. '미주리 타협'은 1820년 미주리주의 연방 가입과 관련한 북부의 자유주와 남부의 노예주 간의 합의이다. 매사추세츠주의 일부인 메인 지방을 자유주로 하는 대신에 미주리주를 노예주로 할 것, 미주리주의 남부 경계인 북위 36도 30분 이북에 노예주를 설치하지 않을 것, 자유주와 노예주의 수를 동수로 유지할 것 등이 내용이다. 노예제도를 폐지하려는 북부에 불리한 판결이었다.

노예제도를 둘러싼 갈등으로 분열의 위기를 맞이하고 있을 때 에이브러햄 링컨(Abraham Lincoln, 1809-1865)은 1858년 6월, 일리노이주 공화당 상원의원 후보 수락 연설을 통하여 미합중국의 단합을 촉구하였다. '분열된 집에 대한 연설(House Divided Speech)'의 한 부분이다.

만약 우리가 먼저 우리가 어디에 있는지, 무엇을 어떻게 해야 하는지를 알 수 있다면, 우리는 무엇을 해야 하는지, 어떻게 해야 하는지 더 잘 판단할 수 있을 것입니다. 우리가 노예제도로 인한 분란에 종지부를 찍겠다는 공언된 목적과 자신감 있는 약속으로 정책이 시작된 지 5년이 훨씬 지났습니다. 그 정책이 시행된 이래, 분란이 멈추지 않았을 뿐만 아니라 끊임없이 증가해 왔습니다. 내 의견으로는, 위기가 닥치고 지나갈 때까지 멈추지 않을 것입니다. "분열된 집은 그대로 서 있을 수 없습니다." 이 정부가 영구적으로, 반노예와 반자유의 상태를 견뎌 낼 수 없다고 믿습니다. 합중국이 해체되기를 바라지 않습니다. 그 집이 무너지기를 바라지 않습니다. 더 이상 분열하지 않기를 바랍니다. 모두 하나가 되지 않으면, 모두 다른 것이 될 것입니다.

1860년 북부에 지지기반을 가진 공화당 출신 링컨이 대통령에 당선되자 남부의 위기감은 한층 더 고조되었다. 1861년 2월 새 대통령이 취임하기도 전에 사우스캐롤라이나를 시작으로 미시시피, 플로리다, 앨라배마, 조지아, 루이지애나, 텍사스 순으로 7개 주가 연방을 탈퇴하고 제퍼슨 데이비스(Jefferson F. Davis)를 대통령으로 하는 아메리카 연합국(Confederate States of America·

이하 남부연합)을 수립하였다. 1861년 4월 12일 남부연합이 사우스캐롤라이나 찰스턴 항 섬터 요새(Fort Sumter)를 포격함으로써 남북전쟁(American Civil War)이 시작되었다.

남부연합은 기존의 7개 주 외에 버지니아, 아칸소, 노스캐롤라이나, 테네시 등 4개 주가 남부에 합류함으로써 총 11개 주로 늘어났다. 링컨 대통령은 취임과 동시에 연방의 붕괴라는 초유의 위기에 직면하였다. 안으로는 남부연합의 공격을 물리쳐야 했고, 밖으로는 영국을 비롯한 유럽의 개입을 막아내야 했다.

전쟁 초기 인구와 산업 생산력에서 훨씬 못 미쳤던 남부가 북부를 밀어붙였다. 북부는 1861년 7월 버지니아에서 벌어진 제1차 불런 전투(First Battle of Bull Run)와 1862년 8월 제2차 불런 전투(Second Battle of Bull Run)의 연이은 패배로 수도 워싱턴 D.C.가 함락 위기에 놓이기도 했다. 그러나 앤티텀 전투(Battle of Antietam)에서 남군을 저지함으로써 노예해방선언(Emancipation Proclamation)의 계기를 마련할 수 있었다.

1862년 9월 22일 노예해방선언은 남부연합의 존립 기반을 흔들어 놓았다.(노예해방령은 1863년 1월 1일 시행되었다) 노예해방은 900만 명의 남부 인구 중 350만 명을 차지하던 흑인들의 향배에 결정적 영향을 주었다. 게다가 북군 함대의 해안 봉쇄로 면화의 수출길이 막힘으로써 재정적 어려움에 직면하였다. 남부연합은 15세에서 40세까지의 남성 가운데 공무원, 대농장주, 철도, 기선 기술자 등을 제외한 모든 남성을 전쟁에 동원하는 총력전을 치르지 않으면 안 되었다.*

　남군은 1862년 12월 버지니아의 프레더릭스버그 전투 (Battle of Fredericksburg), 1863년 4월 챈슬러즈빌 전투(Battle of Chancellorsville)에서 승리하고 북상하였지만 1863년 7월 게티스버그 전투(Battle of Gettysburg)에서 결정적으로 패배하였다. 링컨 대통령이 1863년 11월 19일, 게티스버그 국립묘지 봉헌식에서 행한 '새로운 자유의 탄생'(A new birth of freedom)이라는 연설의 한 부분이다.

　　우리 앞에 남겨진 그 미완의 큰 과업을 다하기 위해 지금 여기 이곳에 바쳐져야 하는 것은 우리 자신입니다. 우리는 그 명예롭게 죽어 간 이들로부터 더 큰 헌신의 힘을 얻어 그들이 마지막 신명을 다 바쳐 지키고자 한 대의에 우리 자신을 봉헌하고, 그들이 헛되이 죽어가지 않았다는 것을 굳게 다짐합시다.

---

*　　이주영,『미국 경제사 개설』, 건국대학교출판부, 1988, 85쪽.

북군은 미시시피강 유역을 장악하여 남부연합의 지역을 동서로 분리하였다. 율리시스 그랜트 장군(Ulysses S. Grant)이 남군의 로버트 리(Robert Lee) 장군과 대치하는 사이에 윌리엄 셔먼(William T. Sherman)과 필립 셰리든(Philip Sheridan) 장군이 북상하여 조지아 일대를 점령하였다. 마침내 1865년 4월 북군은 남부연합의 수도 리치먼드(현 버지니아 주도)를 함락하고 4년에 걸친 내전을 종식시켰다.

1861년의 남북전쟁 당시 상비군은 16,000여 명에 불과하였으나 북부에 230만 명, 남부에 78만 명 등 총 300만 명 이상의 지원병이 가담함으로써 전체 병력자원 1400만 명의 21%, 총인구 3,151만 명의 약 10%에 달하는 인원이 참전하여 전사자 약 62만 명(북군 36만 명, 남군 26만 명),* 부상자 38만 명(북군 28만 명, 남군 10만 명)의 희생자를 냈다.**

---

* 이주영, 앞의 책, 85쪽. 미 의회 자료에는 북군 참전자 221만 3천 명 중 전사자 36만 4천 명, 남군 참전자 100만 명 중 전사자 13만 3,821명으로 나와 있다.(TITLE 38-US CODE 참조)

** 이주영, 『미국사』, 대한교과서주식회사, 1987, 165쪽.

(2) 통합 과정

① 정치적 리더십

공화당원이던 링컨은 1864년 국가연합당(National Union Party)을 창당하여 재선에 성공하였다. 러닝메이트는 민주당 출신의 앤드루 존슨(Andrew Johnson)이었다. 그 또한 국가통합을 위한 발걸음이었다. 링컨은 남북전쟁이 끝 날 무렵인 1865년 3월 4일 재취임 연설(Second Inaugural Address)에서 이렇게 선언하였다.

누구에게도 악의를 품지 말고 모든 사람을 사랑으로 대합시다. 하나님께서 우리에게 주신 정의를 굳게 지키면서 우리가 이미 시작한 일을 끝내도록 힘씁시다. 국가의 상처를 싸매고 전쟁터에서 쓰러진 사람과 그의 미망인과 고아를 돌보기 위하여, 또 우리 내부와 모든 나라와 나라 사이에서 공정하고 항구적인 평화를 이룩하고 간직하기 위하여 힘씁시다.*

링컨은 전쟁의 책임을 묻는 대신에 용서와 관용으로 새로운

---

*   Second Inaugural Address of Abraham Lincoln(March 4, 1865).

나라를 만들자고 호소하였다. 1865년 4월 9일 북군의 율리시스 그랜트(Ulysses S. Grant) 장군과 남군의 로버트 리(Robert E. Lee) 장군 사이에 항복문서가 조인되었다는 소식이 워싱턴에 전해지자 3천여 명이 백악관에 몰려왔다. 링컨은 연주자들에게 '딕시(Dixie)'를 연주해 줄 것을 부탁했다. '딕시'는 1859년에 발표된 대니얼 에밋(Daniel D. Emmett)의 노래로 남군의 행진가로 사용되었다. '딕시'는 미국 남부 지방을 지칭하는 별명으로 비하의 뜻이 담겨 있다고 한다. "오, 나는 목화의 땅에 있었으면 좋겠네, 옛 나날들이 잊히지 않은 그곳에, 보아라, 보아라, 딕시의 땅을 보아라!" 백악관에서 적군의 노래를 연주하다니… 동요하는 지지자들에게 링컨은 이렇게 말했다.

'딕시'는 내가 들어 본 노래 가운데 최고라고 생각합니다. 우리의 적들이 이 곡을 차지하려 했지만, 나는 전부터 우리가 이 곡을 붙잡아야 한다고 주장했습니다. 나는 법무장관에게도 질문을 했는데 '딕시'가 우리의 합법적인 전리품이라는 법적 견해를 주었습니다. 이제 밴드에게 연주를 부탁합니다.*

승리를 축하하기 위해 모여든 지지자들 앞에서 남부연합의 국가처럼 사용되던 '딕시'를 연주하게 한 것은 포용의 메시지였다. 그러면서도 '전리품'이라는 조크로 지지자들의 반발을 노련하게 피해 갔다. 링컨은 철저한 노예해방론자는 아니었다. 그에게는 연방의 유지가 더 중요했다. 1863년 12월 이른바 '10% 플랜(10% electorate plan)'으로 남부 주민 가운데 10%만이라도 연방에 대한 충성 서약을 한다면 간단한 방법으로 연방에 복귀시키는 유화정책을 내놓기도 했다.

백악관에서 '딕시'가 연주되기 하루 전, 항복문서 조인식에서 보인 그랜트 장군의 모습 또한 링컨 대통령과 다르지 않았다. 흙 묻은 구두에 빛바랜 군복을 입고 나온 그의 모습은 화려한 제복에 긴 칼을 차고 나온 로버트 리 장군과 대조적이었다. 리 장군은 자존심을 지키고 싶었고, 그랜트 장군은 겸손함으로 남부 주민들의 마음을 사려고 했다. 항복문서에 반역죄로 재판을 받지 않

---

* April 10, 1865: President Lincoln Asks the Band to Play "Dixie"(04/10/2009 rhapsodyinbooks)

도록 한다는 조항을 포함했을 뿐만 아니라 환호하는 자신의 부하들에게 "그들도 이제 우리 동포다. 그들의 패배에 환호해서는 안 된다."라며 제지하였다고 한다. 4월 15일 링컨의 암살로 대통령직을 승계한 앤드루 존슨에 이어 1869년 3월 대통령에 취임한 그는 남부 흑인의 인권 향상에 노력하였다는 평가를 받는다.

1865년 4월 15일 대통령직을 승계한 앤드루 존슨(Andrew Johnson, 1808-1875)은 링컨의 정책을 이어갔다. 공화당 과격파의 노선과 달리 링컨의 유화정책을 이어 남부 재건 계획을 수립했다. 1865년 5월 남부 주민을 사면하고 연방 재가입의 기준과 절차를 공포하였다. 80만여 명의 지원병들이 처벌 대상이었지만 이렇다 할 책임을 묻지 않았다. 제퍼슨 데이비스를 포함하여 다섯 명의 정치인이 1년 내지 2년 수감 후 석방되었고, 로버트 리의 시민권이 박탈되었으며, 고위직의 공직 취임이 거부되는 선에서 마무리되었다.

1866년 의원 선거에서 급진 공화파가 승리함으로써 남부 주들은 준주(Territory)로 격하되어 군정이 실시되었다. 그에 따라 남부 주민의 패배감이 심각하였다. 그러나 일련의 재건법(Recostruction Acts)을 통하여 1868년 초까지 대부분의 남부 주들이 연방에 재가입하였다.

1862년 7월 의회에서 국립묘지 건립 법안이 통과되었다. 그해 말까지 버지니아의 알링턴(Arlington) 등 14개소에 국립묘지(National Cemetery)가 세워졌지만 어디까지나 북군을 위한 것이었고 남군의 유해는 방치되었다.* 1868년 5월 30일, 북군 전사자를 추모하기 위한 공식 행사로 장식의 날(Decoration Day), 지금의 현충일(Memorial Day) 행사가 개최되었다. 그로부터 6년이 지난 1874년 현충일에 남, 북군 참전자들이 함께 참석하였다.

1897년 3월 윌리엄 매킨리(William McKinley, Jr., 1843-1901) 대통령이 취임하였다. 1898년 미국-스페인 전쟁(Spanish-American War)의 승리로 푸에르토리코와 괌을 넘겨받고 쿠바와 필리핀 지배권을 확보하였다. 미국-스페인 전쟁의 승리는 대외적 영향력을 확대하였을 뿐만 아니라 남북전쟁 후 갈라진 나라를 하나로 통합하는 계기가 되었다. 남, 북부 출신을 불문하고 하나가 되어 미국을 위하여 싸웠고 함께 희생을 나누는 경험이 그것을 가능하게 했다.

매킨리 대통령은 첫 취임 연설에서 "남과 북은 더 이상 낡은 선에서 갈라지지 않고 원칙과 정책에 따라 달라질 뿐이다."라 하

---

* 하상복, 『죽은 자의 정치학』, 모티브북, 2014, 146~149쪽.

여 더 이상 경계선이 존재하지 않는다는 것을 분명히 했다. 선거 캠페인(The Front-Porch Campaign)에서 조지 워싱턴(George Washington)의 말을 인용하며 "북도, 남도, 동도, 서도 없다. 그러나 공통의 나라는 있다"며 통합을 강조한 바 있었다.

매킨리는 1898년 남부 도시를 돌면서 국가통합의 메시지를 전하였다. 남부연합의 대의를 상기하기 위하여 회색 배지를 달고 '딕시'를 듣는 모습을 연출하기도 했다.* 1898년 12월 14일 조지아 주 상하원 합동회의 연설을 통하여 "불행했던 내전 동안에 만들어진 모든 병사들의 무덤은 미국인의 용기에 바친 공물(tribute)"이라며 형제애의 정신(spirit of fraternity)을 강조하고 남군 병사들의 묘지를 돌보자고 호소하였다.

지역 간의 경계선은 더 이상 미국의 지도를 훼손할 수 없습니다. 지역감정이 더 이상 우리가 서로에 가진 사랑을 붙잡아두지 못할 것입니다. 형제애는 45개 주와 영토, 바다 너머의 땅에

---

* 하상복, 위의 책, 291쪽. George R. Goetheals, President Leadership and African Americans: "An American Dilemma" from Slavery to the White House, Routledge, 2015, p.121.

서 합창하는 국가입니다. 합중국은 우리의 사랑과 충성, 헌신과
희생으로 이뤄진 공통의 제단입니다.(…) 우리가 언제나 그랬던
것처럼 부상을 입은 군인들을 돌보는 국가에서는 결코 방어자
가 부족하지 않을 것입니다. 전쟁에서 죽은 사람들을 위한 국립
묘지는 산 자만이 아니라 죽은 자들도 우리의 사랑을 받고 있다
는 증거입니다. 우리가 얼마나 많은 침묵의 보초들을 가지고 있
는지, 그리고 그들의 무덤이 얼마나 사랑스러운 보살핌을 받고
있는지, 죽은 자에 대한 기억은 귀중한 유산이 될 것이며 부상
자는 국가의 보살핌을 받을 것입니다.(…) 우리의 불행했던 내
전 중에 만들어진 모든 군인의 무덤은 미국인의 용감함에 대한
찬사입니다. 그리고 무덤이 만들어졌을 때 우리는 정부의 미래
에 대해 심각한 차이를 드러냈지만 그 차이는 전쟁을 통하여 오
래전에 정리되었습니다. 이제 하느님의 섭리 아래서 우리의 정
서와 감정은 변해왔고, 형제애의 정신 속에서 남군 병사들의 무
덤을 함께 돌보아야 합니다.*

---

*   William Mckinley, Speeches and addresses of William McKinley(from March
    1, 1897, to May 30, 1900.), New York Doubleday & McClure Co. 1900, p.159.
    하상복, 위의 책, p.294. 참조.

그러나 북부의 여론은 달랐다. 시카고 트리뷴(Chicago Tribune)은 "매킨리는 평화와 화해의 수박의 크고 붉은 부분 속으로 그의 턱을 묻기 위해 거기에 갔다."고 썼다.* 다음은 '남부의 병사들(The Confederate Soldiers)'이라는 뉴욕 타임스의 논평이다. 남군 전사자를 위한 묘지 조성이 연금 지급으로 이어질 것을 우려하는 내용이다.

> 그렇지만 자신들이 살고 있는 국가를 전복하려는 시도에 연루된 사람들이 보인 의무라는 말을 존경과 찬양으로 수용하기는 매우 위험해 보인다.(…) 이어질 다음 단계는 논리적으로, 연금을 인정하는 일이다. 정부에 맞서 무기를 들었던 사람들을 위한 연금 지급안은 남부 사람들의 군사적 행위가 갖는 진정한 의미가 무엇인지를 생각하지 않을 수 없게 한다.**

---

* Russell Brooker, The American Civil Rights Movement(1865-1950): Black Agency and People of Good Will, Lexington Books, 2018, p.73.
** The New york Times, Dec. 23, 1898. P.6(From The Boston Herald).
  하상복, 앞의 책, 296~297쪽.

② 국립묘지 안장과 기념비 건립

남군 참전자의 국립묘지 안장과 추모는 남군 전사자 유족의 반대로 갈등을 겪었다. 알링턴 국립묘지는 남군 총사령관 로버트 리 장군의 저택이 있던 곳이었다. 리 장군은 링컨의 요청에도 불구하고 남군에 가담했고, 그의 땅에 조성된 국립묘지에는 북군 전사자들이 안장됐다. 남군 전사자 유족들은 '북군의 묘지'로 여겼다. 현충일에 꽃을 장식하는 것을 반대하거나 묘지에 들어가는 것조차 거부했다. 그러다가 미국-스페인 전쟁 동안 남부 출신 제대군인들이 자원, 참전함으로써 거부감이 완화되기 시작하였다.

1914년 6월 알링턴 국립묘지에 남군기념비(Confederate Memorial)가 세워지고, 남군묘역이 조성되었다. 워싱턴 D.C. 주변 지역에 묻혀 있던 남군의 묘 482기가 그곳에 이장되었다. 우드로 윌슨(Thomas Woodrow Wilson) 대통령이 참석한 가운데 개최된 기념비 제막식에서 양측 참전군인 대표가 상대방의 무덤위에 화환을 놓음으로써 공식적으로 화해하고 하나의 참전용사가 되었다. 남군기념비는 1906년 '남부연합의 딸(United Daughters of the Confederacy)'이라는 남부 여성단체의 청원으로 시작되어 북군참전용사회(Grand Army of the Republic)가 세운 것으로 남부연합 대통령 제퍼슨 데이비스의 106회 생일에 제막되었다. 그것은 남군과 북군의 화해를 선언하는 상징적 이벤트였다.

1938년 게티스버그 국립군사공원 오크 힐(Oak Hill)에 '영원한 평화의 빛(Eternal Light Peace Memorial)'이라는 이름이 붙은 거대한 불길이 올랐다. 기념비의 오른쪽 면에는 "하나님께서 우리에게 주신 정의를 굳게 지키면서"라는 링컨의 게티스버그 연설 한 부분이, 왼쪽 면에는 "영원한 빛이 우리를 통합과 동료애로 인도하기를"이 새겨져 있다. 제막식에서 "미국 국민을 대신하여 형제애와 평화의 정신으로 이 기념비를 받아들입니다. 불멸의 행위와 불멸의 말이 이곳 게티스버그를 미국 애국심의 성지로 만들었습니다."로 연설을 시작한 프랭클린 루스벨트(Franklin Delano Roosevelt, 1882-1945) 대통령은 1,800명의 남, 북군 참전자들 앞에서 이렇게 말했다.

"링컨은 여기에서 싸운 모든 사람들에게 위안을 주었습니다. 그리고 세월이 그 상처에 그들의 향유를 발랐습니다. 청색 옷을 입은 남성(북군)과 회색 옷을 입은 남성(남군)이 함께 모여 공들여 만든 조각입니다. 오랫동안 분열되었던 충성심의 기억으로 여기에 왔지만, 펼쳐진 세월이 더 쉽게 볼 수 있게 해준 하나의

대의에 대한 단합된 충성심으로 만날 수 있게 되었습니다. 우
리는 그들 모두를 존경하며, 어떤 깃발로 싸웠는지 묻지 않습니
다. 이제 하나의 깃발 아래 함께 서게 되어 감사합니다."

대통령의 연설이 끝나자 남군 병사와 북군 병사가 태양 광선을
사용하여 기념비 꼭대기에서 '꺼지지 않는 불꽃'에 불을 붙였다.
1914년 남, 북군 병사들이 처음으로 함께 한 알링턴 국립묘지의
남군기념비 제막식에 이어 형제애를 다짐하는 또 하나의 상징적
이벤트였다. 그것으로 남, 북부는 하나가 되었는가? 현충일을 보
면 아직도 그렇지 않다는 것을 알 수 있다. 앨라바마, 조지아, 미
시시피, 사우스캐롤라이나, 텍사스, 플로리다, 테네시, 미시시피
등의 남부 주에서는 남부연합 현충일(Confederate Memorial Day)
을 따로 제정하여 공식 또는 비공식적으로 추념한다. 그중 5개
주에서 공휴일로 지정하였고, 텍사스 주는 '남부연합 영웅들의
날(Confederate Heroes Day)'이 공식 명칭이다.

③ 연방보훈 적용
미국의 보훈제도는 역사적 뿌리가 깊다. 1636년 식민지 플리
머스에서는 신대륙 정착 과정에서 인디언과의 전투 때문에 부

상을 당한 자를 대상으로 연금을 지급하기 위한 법률이 제정되었다. 주정부의 책임하에 있던 연금제도는 독립전쟁이 끝난 후 1789년 연방의회에서 「연금지급에 관한 법률」의 제정으로 연방 차원의 보훈제도로 전환되었고, 1812년 미영전쟁(War of 1812)과 멕시코-미국 전쟁(Mexican-American War)을 거치면서 확대되었다.*

1861년 남북전쟁이 발발하기 전까지 연금이 중심이던 보훈제도는 전쟁 기간 중 의료지원, 정착지원, 양로보호 등으로 확대되었다. 1862년 7월 의회는 전사자의 미망인·유자녀 및 상이군인을 위한 연금제도를 마련하였고, 1865년 링컨 대통령은 국립보호시설의 설립과 운영을 위한 기금을 할당하였다.

남부연합 또한 전쟁 희생자를 위한 특별법을 제정하였다. 주정부의 책임으로 규정되었지만 재정적 제약이 컸다. 1860년 북부와 남부 간의 경제력은 인구에서 61% 대 39%, 국부에서 75% 대 25%, 농지에서 67% 대 33%, 공장에서 81% 대 19%로 이미 큰 격차가 있었다. 전쟁이 끝난 후 남부는 부의 43%를 상실한 데다가 노예해방에 따른 노동력 부족 등으로 경제적으로 피폐한 상

---

* 하상복, 앞의 책, 155쪽.

황이었다.

　남군 출신 전상자와 전사자의 유족에 대한 연방의 보훈은 간단한 문제가 아니었다. 남북전쟁은 노예해방을 둘러싼 갈등일 뿐만 아니라 연방주의와 주권주의(州權主義)의 차이에서 비롯된 것이었다. 갈라진 나라를 통합하려는 정치권의 노력에도 불구하고 북군 출신의 적대감을 쉽게 녹일 수는 없었다. 연방(Union)에 반대하여 남부연합(Confederacy)에 가담한 자를 연방보훈(Federal Benefits)의 대상으로 인정할 경우 분리주의를 용인하는 결과를 초래할 수 있다는 우려도 있었다. 그에 따라 남군 출신은 자선단체의 도움을 받다가 1880년대에 들어서 주정부의 연금과 재활서비스를 제공받았다. 그러나 그들은 자선이나 주정부의 지원을 달가워하지 않았다고 한다.*

　집단적인 청원과 요구가 이어졌지만 받아들여지지 않다가 1958년에 연방의회가 수용함으로써 연방보훈의 수혜가 인정되었다.** 남북전쟁이 끝난 후 93년이 경과한 시점이었다. 그때까지

---

* 　David A Gerber (ed.), Disabled veterans in history, University of Michigan Press, 2000, p.120.

** 　Public Law 85-857(1958.9.2.) 「제대군인 연금에 관한 규정」 남북전쟁 제대군인의 범위에 남·북군 출신을 모두 포함하여 매월 일정액의 연금을 지급

생존한 소수의 미망인과 자녀만이 수혜할 수 있었고, 수혜 기간
은 채 1년이 되지 않았다.*

(3) 특징과 시사점

남북전쟁은 남, 북부만의 전쟁이 아니었다. '형제의 전쟁
(Brother's War)'이라 불릴 정도로 가족까지도 분열하였다. 특히
남, 북의 경계에 위치한 메릴랜드주와 켄터키주 등은 훨씬 심했
다. 메릴랜드에서는 북군에 6만 명이, 남군에 2만 명이 참가하였
다. 친구와 친인척은 물론이고 형제까지 편이 갈렸다. 심지어 에
이브러햄 링컨과 로버트 리의 친인척도 예외가 아니었다. 1915
년에 나온 세계 최초의 극영화 〈국가의 탄생〉이나 〈바람과 함께
사라지다〉는 당시 미국의 분열상을 잘 보여준다.

형제와 친인척조차도 한쪽은 보훈과 기념의 대상인 반면에 다
른 쪽은 반대였다. 그런 상황에서도 연방정부의 원칙은 확고했
다. 전쟁 책임을 묻는 데 관대하면서도 연방정부의 혜택에는 인

하도록 하였다.
* Department of Veterans Affairs, An Organizational History(1776-1994), 1995, p.13.

색했다. 그것은 연방정부의 지원이 아니더라도 주정부의 지원이라는 다른 수단이 있기도 했지만 그보다는 다른 원인이 있었다. 첫째, 미국이 연방주의에 기초한 국가 경영의 기본적 철학에 철저했다는 점, 둘째, 북군 출신의 남군에 대한 차별의식 때문에 인적 장애가 컸다는 점이다. 특히 남군 출신의 연방보훈 수혜를 요구하는 민원이 계속되어 왔음에도 남부를 지지기반으로 하는 민주당이 이를 해결하지 못한 것은 북군 출신의 거부감을 고려하지 않을 수 없었기 때문이다. 셋째, 재정 부담의 급격한 증가 등을 그 원인으로 들 수 있다.* 1861년 남북전쟁 직전의 참전군인은 약 8만 명에 불과하였으나 1865년 남북전쟁이 끝나자 190만 명이 증가하였고, 1870년까지 단 5년 동안에 1790년에서 1865년까지 75년간의 총급여액 9,650만 달러를 훨씬 초과하는 1억 1,700만 달러가 소요되었다.

남북전쟁이 끝난 지 150년이 경과하였지만 아직도 남군 참전자의 명예를 위한 노력이 이어지고 있다. 일례로 1981년 6월 미시시피주 보부아르의 '남부연합박물관'에 남군 무명용사묘(Tomb of the Unknown Confederate Soldier)를 설치하였다. 1983

---

*   Ibid., p.9.

년 5월 '남부연합 제대군인의 아들(Sons of Confederate Veterans)' 이라는 단체는 거기에 묻힌 무명용사에게 남부연합 명예훈장 (Confederate Medal of Honor)을 수여하였다. 이 메달은 의회의 결정으로 대통령이 수여하는 미국 최고의 명예훈장(Congressional Medal of Honor)과 대비되는 것이다. 지금도 '남부연합의 딸', '남부연합 제대군인의 아들', '남부연합 자녀(Children of the Confederacy of the United Daughters of the Confederacy)' 등의 단체들은 남군의 명예를 선양하기 위한 활동에 나서고 있다.

미국의 현실은 전쟁의 후유증은 시간이 흐른다고 자연히 치유되는 것은 아니라는 것을 보여준다. '누구를 기억하고 추모할 것인가?' 하는 것은 국가의 정체성과 직접적으로 관련이 있다. 노예제도 폐지에 대한 반대가 아니라 헌법에 대한 다른 견해에 기인한 것으로 '주권주의의 대의'를 지키기 위한 것이었다는 방향으로 조금씩 나아갔다.* 어렵사리 봉합되었던 상처는 2020년 백인 경찰이 저지른 흑인 남성 조지 플로이드(George Floyd) 사망 사건을 계기로 버지니아 주도 리치먼드에서 남군 사령관 로버트 리 동상(Robert E. Lee Monument)이 철거되는가 하면 곳곳에서

---

* 문화사학회, 『기억은 역사를 어떻게 재현하는가』, 한울, 2018, 70~72쪽.

폭동이 발생하며 다시 불거졌다. 남북전쟁이 발발한 지 160년이 되었지만 갈등의 불씨는 꺼지지 않았다는 것을 알 수 있다.

미국 국장(國章) 가운데 있는 것은 라틴어로 쓰인 두루마리를 물고 있는 흰머리 독수리다. 두루마리에 쓰인 문구는 '에 플루리부스 우눔(E pluribus unum)'이다. 'Out of many, One'은 미국이 추구하는 최고 가치인 동시에 지향점이다. 버지니아주 요크 카운티에는 1784년에 세워진 대리석 원주 형태의 요크타운 전승기념비(Yorktown Victory Monument)가 있다. 꼭대기에 두 팔을 벌린 여성상이 서 있고, 그 아래에 각 주를 상징하는 13개의 여성상이 부조되어 있다. 그 밑에는 하나의 조국, 하나의 헌법, 하나의 운명(ONE COUNTRY ONE CONSTITUTION ONE DESTINY)이라 새겨져 있다. 또한 뉴욕 센터럴파크 대니얼 웹스터 기념비(Daniel Webster Memorial)의 기단에는 "자유와 유니언, 영원히, 분리될 수 없는 하나"(Liberty and Union, Now and Forever, One and Inseparable)라 새겨져 있다. 미국이 내전의 상처를 치유하고 국가통합을 달성하기 위하여 형제애를 강조하였지만 그것보다 중요한 최고의 가치는 합중국의 유지였다. 국립묘지를 조성하고 기념비를 세워 남군 참전자의 명예 회복에 노력하였지만 연방보훈 배제의 원칙이 사실상 유지되었던 것도 그와 관련이 있다.

2) 스페인

(1) 배경

1492년 카스티야-아라곤 연합왕국은 남부에 남아 있던 그라나다 왕국을 함락하고 국토수복운동(Reconquista)을 완성했다. 16세기 이후 스페인은 150년간 유럽에서 가장 강력한 국가로 군림하였다. 펠리페 2세 치세에 최전성기를 맞이했지만 무적함대의 패배(1588), 스페인 왕위 계승 전쟁(1701~1714), 나폴레옹의 전쟁(1803~1815) 등으로 쇠퇴기에 접어들었다.

1809년 나폴레옹의 이베리아 반도 침공으로 프랑스의 지배를 받게 된 스페인은 반도 전쟁(Peninsular War)으로 불리는 독립전쟁을 벌여야 했다. 스페인의 내부 상황은 식민지의 판도에도 큰 영향을 미쳤다. 1821년 멕시코의 독립을 시작으로 중, 남미 일대의 식민지 대부분을 상실하였다.

1873년 왕정이 폐지되고 제1공화국이 수립되었지만, 세 차례나 대통령이 바뀌는 등 정정의 혼란을 거듭하다가 1874년 마르티네스 캄포스 장군의 쿠데타로 왕정복고가 이뤄져 알폰소 12세가 즉위하였다. 1876년 헌법을 개정하여 입헌군주제를 채택하고 국가를 개혁함으로써 근대화에 큰 성과를 이뤄낼 수 있었다.

그러나 1898년 미국-스페인(Spanish-American War) 전쟁의 패배로 쿠바의 주권을 포기하고, 푸에르토리코, 괌, 필리핀 등의 식민지를 미국에 할양함으로써 열강의 대열에서 멀어졌다.

국내에서 노동운동, 무정부주의 운동을 활발히 전개하고 있을 때 제1차 세계대전이 발발하였다. 스페인은 중립을 지킴으로써 전쟁이 가져온 특수로 경제성장을 이어갈 수 있었다. 그러나 1917년 러시아 혁명의 여파로 촉발된 총파업을 진압하는 과정에서 수백 명의 노동자들이 사망하는 비극적 사건이 발생하였고 바스크와 카탈루냐의 분리주의 운동으로 극심한 혼란이 야기되었다.

1920년 스페인 공산당이 창당되고 테러가 빈발하였고 1923년 프리모 데 리베라(Primo de Rivera) 장군이 주도한 쿠데타가 발생하였다. 1929년 대공항의 여파로 군부 독재에 대한 국민들의 불만과 반발로 리베라가 사퇴함으로써 스페인 정정은 새로운 국면에 접어들었다. 1931년 공화파는 혁명위원회를 조직하여 공화국의 수립을 선포하고, 총선거에서 압도적 의석을 확보하였다. 민주주의 헌법이 제정되고 카탈루냐의 자치가 허용되었다. 그러나 제2공화국은 가톨릭 국교의 폐지와 농지개혁 등 급진적 개혁으로 큰 반발을 불러왔다.

좌파 연합의 인민전선 정부와 극우 정당 팔랑헤(Falange) 사이의 반목과 대립은 날로 격화되었다. 1936년 7월, 우파 지도자 깔보 소멜로(José Calvo Sotelo) 피살 사건은 군부 쿠데타의 빌미가 되었다. 1936년 7월, 스페인령 모로코 주둔군 프란시스코 프랑코(Francisco Franco) 장군의 본토 상륙으로 군부 쿠데타가 시작되었다. 왕당파, 가톨릭교회, 경찰, 공무원 등 보수 세력의 지지를 받는 쿠데타 세력은 노동자, 농민, 아나키스트, 자유 지식인 등의 지지를 받는 집권 공화파와 그 지원 세력으로 구성된 인민전선과 대조적으로 국민전선(Nacionales)이라 불렸다.[*]

공화파는 소련과 멕시코의 지원하에 공산주의자와 아나키스트 세력과 연합하여 독일과 이탈리아의 지원을 받는 프랑코 세력과 싸웠다. 약 6만 명의 의용병으로 구성된 국제여단(International Brigade)은 소련의 지원하에 공화파의 편에 섰다. 거기에는 조지 오웰, 어니스트 헤밍웨이, 앙드레 말로, 앙투안 드 생텍쥐페리, 파블로 네루다 등의 작가들, 나중에 중일전쟁에 참

---

[*] 신정환·전용갑, 『두 개의 스페인』, 한국외국어대학교 지식출판원. 2016, 163쪽.
앤터니 비버, 김원중 옮김, 『스페인 내전』, 교양인, 2009, 17~21쪽 참조.

가하는 캐나다 의사 노먼 베순도 있었다. 프랑코의 반군과 달리 공화파 세력은 공화주의자, 무정부주의자, 공산주의자, 노동조합 등으로 분열되어 있었고, 영국과 프랑스의 지원은 소극적이었다. 내전은 1939년 2월 카탈루냐, 4월 마드리드가 점령됨으로써 끝났다.

대작 『스페인 내전』의 작가 앤터니 비버(Antony Beevor, 1964-)는 이렇게 묻는다. 공화파가 승리하였다면 어떻게 되었을까? 그는 동유럽의 위성국가같이 되었을 것이라고 보았다. 공화연합, 공화좌파, 사회주의 노동당, 마르크스의 통합노동자당 등 세력마다 목표가 달랐다. 공산주의자들은 내전에서 승리한 후 좌파동맹 세력을 절멸하려는 계획을 가지고 있었다. 이 사실은 1939년 9월 블라디미르 고레프(Vladimir Goriev) 장군이 스페인에서 모스크바로 보낸 보고서와 동년 10월 프랑스 코민테른 대표 앙드레 마르티(Andre Marty)의 발언을 통하여 확인된다고 한다.*

1937년 말 공화파 의용군으로 참전하여 바르셀로나 전선에서 부상을 입고 탈출한 조지 오웰(George Orwell, 1903-1950)이 1938년 영국에서 발표한 『카탈로니아 찬가』는 당시 공화파 내부의 당

---

* 앤터니 비버, 앞의 책, 739~740쪽.

파 싸움과 그에 대한 환멸을 보여주는 다큐멘터리 소설이다. 그의 아내가 체류하던 호텔 방이 수색을 당했는데 거기서 '트로츠키주의자와 다른 이중 거래자들을 숙청하는 방법들'이라는 스탈린의 소책자가 발견되어 위기를 모면할 수 있었다고 한다. 오웰은 트로츠키파인 통일노동자당(POUM)에 속해 있었다.* 공화파의 분열에도 불구하고 국제여단에 참가한 26개국 의용병은 순수한 민주, 정의, 평화의 신념과 열정의 소유자였다. 다음은 고별 열병식에서 여성 정치가 돌로레스 이바루리(Dolores Ibarruri, 1895-1989)의 연설 한 부분이다.

> 여러분은 역사입니다. 여러분은 전설입니다. 여러분은 민주주의의 결속과 보편성을 상징하는 본보기입니다. 우리도 여러분을 잊지 않을 것입니다. 그리하여 평화의 올리브나무가 새 잎은 틔워 스페인 공화국의 승리와 합쳐지는 날, 이곳으로 돌아와 주십시오!**

---

* 조지 오웰, 정영목 옮김, 『카탈로니아 찬가』, 민음사, 2001, 285~287쪽.
** 애덤 호크실드, 이순호 옮김, 『스페인 내전』, 갈라파고스, 2017, 482쪽.

스페인 내전에서 최소 20만 명 내지 50만 명이 죽었다. 그중 20만 명이 전투와 관련하여 죽었고, 약 15만 명이 양측에 의하여 처형되었다.* 폭격, 질병, 영양실조 등으로 인한 사망자를 포함하면 최대 70만 명에 달한다. 50만 명에 가까운 공화파 난민들이 남프랑스로 피난하였지만 제2차 세계대전 중 독일군 수용소에서 죽었거나, 독일로 끌려가 강제노동에 시달리다가 죽은 사람도 많았다. 그 후에도 프랑코가 사망할 때까지 36년간 군부독재에서 5만 명이 정치범으로 몰려 처형되었다고 전한다.

(2) 통합 과정

① 민주화 조치와 사면법

스페인은 제1차 세계대전에 이어 제2차 세계대전에서 중립을 지켰다. 프랑코는 히틀러와 무솔리니의 거듭된 지원 요청에도 공식 개입하지 않았다. 무기의 공급과 종전 후 알제리와 모로코의 할양을 요구하는 강수를 둠으로써 히틀러의 요청을 거절할

---

* 외국인 5300명(이탈리아 4,000, 독일 300, 기타 1,000), 국제여단 4900명이 사망하였다.

수 있었다고 한다. 오히려 유럽 각국에 전쟁 물자를 공급함으로써 생산기지의 역할을 할 수 있었다. 그렇게 하여 다져진 경제적 기반과 관광산업을 통하여 1960년대 눈부신 경제성장을 이룰 수 있었다. 1969년 프랑코는 자신의 후계자로 부르봉 왕가의 후안 카를로스를 지명하였다. 1947년 7월 국민의 압도적 지지로 통과된 「국가 수장 계승법」에 따라 프랑코가 사망하거나 집무를 할 수 없을 경우에는 왕정복고가 이뤄질 수 있도록 되어 있었다.

1975년 프랑코의 사망으로 국왕에 오른 후안 카를로스 1세는 스페인의 '민주화 이행기(Transición)'라 불리는 민주화 시대를 열었다. 민주화 조치는 정치범 특사령을 내리고, 공안위원회 등 권력기구를 해체하면서 시작되었다. 프랑코 시대 말기인 1974년 1월 총리에 임명된 아리아스 나바로(Arias Navarro)는 카를로스 1세의 민주화 노선에 따라 1976년 1월 양원제 도입, 정당의 조직과 결사의 자유를 보장하는 내용의 정치개혁안을 발표하였다. 그에 따라 공산당을 제외한 모든 정당이 합법화되었다. 1976년 12월 총리에 임명된 아돌포 수아레스(Adolfo Suáre)는 「정치개혁법」을 공포하고, 공산당을 합법화하였다. 1977년 6월, 41년 만에 치러진 총선거의 승리로 안정적 개혁을 추진할 수 있었다.

스페인 정치 지도자들은 민주화 분위기 속에서도 타협하고 절제하였다. 그 첫 결실로 1977년 9월 몽클로아 협약Los Pactos de la Moncloa)을 통하여 노조와 정부와 기업의 합의를 이끌어 낼 수 있었다. 이른바 망각협정(Pacto del olvido)을 통하여 「사면법 (Ley de Amnistía en España) 」을 제정함으로써 과거사에 대한 논란을 비켜 갔다. 내전 중 테러 행위는 정도의 차이는 있지만 양측 모두 자유롭지 못했다. 공화파 7만 5천 명, 프랑코 측 5만 5천 명이 처형되었다. 사면법은 평화와 안정을 위하여 책임의 공유를 선택한 것이었다. 그때 스페인 사회의 여론도 평화와 질서와 안정에 무게를 두었다고 한다.[*]

1981년 2월 24일 카를로스 1세와 수아레스 총리는 안토니오 테헤로 중령의 치안경비대가 주도한 군부의 쿠데타를 저지하고 헌정을 지켜 냈다. 국왕은 새벽 1시 14분 총사령관 군복을 입고 텔레비전에 나와 쿠데타를 진압하겠다는 결연한 의지를 밝혔다.

---

[*] Paloma Aguilar, Memoria y olvido de la guerra civil española (Madrid: Alianza Editorial, 1996), p.348~354. 황보영조, 「프랑코 정권의 기억 만들기와 그 기억의 변화」, 『역사학연구』, 2010. vol., no.39, 호남사학회, 2010, 303 쪽 재인용.

조국의 영속성과 단일성을 상징하는 왕관은 무력을 사용하여 스페인 국민이 국민투표로 결정한 민주적 절차를 방해하려는 그 어떠한 시도나 행동도 용납하지 않을 것이다.

카를로스 1세는 발렌시아 지방의 쿠데타 지도자 보슈 장군에게 다음과 같은 메시지로 의회를 점거한 병력을 철수시키라고 명령하였다.

어떤 쿠데타도 왕의 뒤에 숨지 못한다. 그것은 왕에게 항거하는 것이다. 나는 당신에게 당신이 동원한 모든 부대를 철수시키라고 명령한다. 나는 당신이 테헤로에게 즉시 중지하라고 말할 것을 명령한다. 그리고 마지막으로 나는 왕위도, 스페인도 버리지 않을 것을 맹세한다. 반군이 누구든 새로운 내전을 치를 준비가 되어 있고, 나는 책임을 다할 것이다.[*]

---

[*] Benjamin Rose, "King of all the Spaniards: An Analysis of the Spanish Transition to Democracy", A thesis submitted to the faculty of Wesleyan University in partial fulfillment of the requirements for the Degree of Bachelor of Arts with Departmental Honors in History. April, 2012, pp.120-121.

그렇게 하여 스페인은 고질적인 쿠데타의 반복을 끊고 민주주의 국가로 발전할 수 있었다. 스페인은 민주화 조치, 지역적 언어와 문화의 인정, 과거사에 대한 망각협정, 공화파에 대한 포용 등을 통하여 국민통합으로 나아갔다.

"1982년 50년 만에 집권에 성공한 좌파 사회노동당의 펠리페 곤살레스 총리(Felipe González Márquez)는 예상과 달리 미래에 주목하는 안정적 개혁을 선택하였다. "만일 역사적 기억을 회복하려고 했더라면 잿속에서 꺼지지 않고 이글거리던 구원의 불씨를 다시 뒤흔들어 놓았을 것이다"*라는 곤살레스의 언급처럼 그때까지도 군부의 정치 개입에 대한 우려는 상존했다.

32세에 좌파 사회노동당의 서기장에 오른 곤살레스는 '민주주의가 마르크스주의에 우선한다'는 신념의 정치인이었다. 사회노동당의 강령에서 마르크스주의를 삭제하고 중도로 확장한 것이 집권에 도움이 되었다. 곤잘레스는 '우파'라는 비판 속에서도 북대서양조약기구(NATO)에 잔류하고, 유럽연합(EU)에 가입하였다. 국민소득 수준이 서유럽 국가들과 격차가 있었지만 가장 높

---

* 　김원중, 「'망각협정'과 스페인의 과거 청산」, 『역사학보』 제185집(2005.3), 역사학회, 2005, 294쪽.

은 성장률을 기록하였고, 1992년 바르셀로나 올림픽과 세비야 국제박람회를 유치함으로써 국가의 위상을 높였다.

② 공화파에 대한 처우

1978년 3월 공화파 참전군인과 공안부대원 또는 유족에 대한 노후연금 수급권이 인정되었다. 그리고 1979년 9월, 내전 중의 사망자와 부상자, 정치적 행위나 정치적 이견으로 인한 사망자의 미망인과 그 가족에게 연금 지급과 의료지원 등이 결정되었다. 공화파 출신 병사들이 군복을 착용하고 메달을 달 수 있게 되었다. 또한 1990년 군부독재 정권하에서 정치적 이유로 투옥되었거나 사망한 사람에게도 수감 기간에 상응한 보상금이 지급되었다.[*] 아울러 내전 중 외국으로 보내진 2만 8천 명의 아이들에게도 매년 일정액의 연금이 지급되었다. 다음은 공화파 자원병 마우엘 갈레고-니카시오(Manuel Gallego-Nicasio)의 증언이다.

---

[*] 김원중, "역사적 기억법(2007)과 스페인 과거사 청산 노력에 대해-배/보상, 화해, 위령의 측면을 중심으로", Revista Lberoamericana 21.1(2010), 198~199쪽.

프랑코는 우리의 모든 돈은 빼앗아 갔다. 우리를 썩게 내버려 두었다. 물도, 전기도 없었다. 중부의 작은 마을로 가족 여섯 명과 함께 강제 이주당해 봉급도 없이 노예처럼 살았다. 감자 껍질까지 먹어야 했다. 농산물은 히틀러에게, 황금은 스탈린에게 바쳤다. 1975년 프랑코 사후 수아레스 총리 때 소액의 연금이, 그 후 참전자에 해당되는 또 다른 연금이 주어졌다. 그리고 추방지에서 고향 집으로 돌아오는 것이 허용되었다.[*]

2001년에 발표된 하비에르 세르카스(Javier Cercas, 1962-)의 『살라미나의 병사들』은 팔랑헤의 지도자를 체포의 위기에서 구해준 공화파 병사를 찾아가는 체험적 소설이다. 공화파 병사들에 대한 처우가 용서와 포용의 수준일 뿐 그들의 희생과 공헌을 기억하고 인정하는 것과는 거리가 있다는 것을 보여준다.

아무도 우리가 자유를 위해서 투쟁한 것에 대해 감사하는 시능

---

[*] EFE, "Spanish Civil War veteran tells harrowing tale of hunger, brutal repression" Madrid, 25 Jul 2018.(https://www.efe.com > English edition > Sponsored news)

조차 하지 않았다. 모든 마을마다 전쟁에서 죽은 사람들을 추모하는 기념물들이 있다. 그런데 당신은 그중에서 양측의 전몰자 이름이 다 새겨진 기념물들을 몇 개나 보았는가?*

③ 역사기억법과 기념비 건립

1990년대 후반부터 과거사 청산 문제가 부상하였다. 2002년 스페인 의회는 프랑코 반군을 군부 쿠데타로 규정하고 행방불명자의 집단 매장지를 발굴하여 예를 갖추어 안장한다는 결정을 내렸다. 2004년 9월 과거사 진상조사위원회를 구성함으로써 '망각의 시대'에서 '기억의 시대'로 나아갔다.**

2006년 7월 7일 내전 70주년을 맞아 '역사적 기억의 해'가 선포되고, 희생자를 기리는 추모행사가 개최되었다. 마침내 2007년 12월 「역사기억법(Ley de Memoria Histórica)」이 제정되었다. 정치적, 종교적, 이념적 폭력 희생자의 인정과 보상, 프랑코 정권에 대한 비판 허용, 사자의 계곡(Valle de los Caídos)에서의 정치적

---

* 하비에르 세르카스, 김창민 옮김, 『살라미나의 병사들』, 열린책들, 2010, 28쪽.
** 김원중, 「'망각협정'과 스페인의 과거 청산」, 『역사학보』 제185집(2005.3), 역사학회, 2005, 298쪽.

행사 금지, 공공건물과 장소에서의 프랑코주의 상징물 제거, 폭력 희생자의 추적 확인과 유해 발굴, 생존 국제여단 요원의 스페인 국적 부여, 프랑코 시대에 통과된 법률의 정당성 거부, 정치적·경제적 이유로 조국을 떠난 사람과 후손의 귀환, 내전과 폭력 희생자와 후손에 대한 지원, 역사기억자료센터 건립 등의 내용이 담겨 있다.*

프랑코 정권의 독재의 부당성이 선언되었고 기록물의 수립, 보관, 공개도 이뤄졌다. '사자의 계곡'에 안치되었던 프랑코의 영묘도 논란 끝에 철거되었다. '사자의 계곡'은 1959년 마드리드 서북쪽의 옛 왕궁 엘 에스코리알 근처에 세워진 국립묘지다. 해발 1905미터 바위산 꼭대기에 150미터의 십자가를 세우고, 지하에 성당을 건설하였다. 거기에는 양측의 희생자 5만 명 내외의 유골을 안치하였다. 그러나 수감자와 정치범을 동원하여 건설하였을 뿐만 아니라, 공화파 병사 중에도 가톨릭교도에게만 안치가 허용되었을 뿐이다. 국민전선 쪽 전사자의 유골이 85%를 차

---

* 위의 논문, 203~215쪽.
김현균·임호준, 「현 단계 스페인 과거사 청산의 동향과 전망」, 『이베로아메리카연구』 제17권, 2006, 33~34쪽.

지하고 있다고 한다. 프랑코 정권의 거대한 전시물이라는 비판을 받는 것도 그 때문이다. 내전의 치유와 하나의 스페인을 위한 상징적 장소로 다시 태어나야 한다는 논란이 제기되고 있다.[*]

1985년 마드리드의 레알탓(충성) 광장에 오벨리스크 형태의 기념비(Monumento a los Caídos por España)가 세워졌다. 1808년 나폴레옹 프랑스의 침공에 저항하여 일어난 마요 봉기(Dos de Mayo Uprising)를 기념하여 1840년에 세워진 것이지만, 카를로스 1세 즉위 10주년을 맞아 내전 희생자를 포함하여 '스페인을 위하여 목숨을 바친 모든 사람들의 명예'에 헌정하는 기념비로 거듭났다.

(3) 특징과 시사점

스페인 내전으로 1939년 2월 카탈루냐가 점령되었을 때 공화파 진영의 45만 명이 프랑스 국경을 넘었다. 거기서 다른 나라로 이주하지 못한 5~6만 명은 프랑스 외인군단이나 노무부대에 들어가 요새 건설 등에 동원되었다. 그 밖에 프랑스 레지스탕스, 영

---

[*] 김원중, 「역사적 기억법(2007)과 스페인 과거사 청산 노력에 대해-배/보상, 화해, 위령의 측면을 중심으로」, Revista Lberoamericana 21.1(2010). 209쪽.

국군, 소련군 등에 자원입대하여 싸운 공화파 사람들도 있었다.

1944년 프랑스가 해방되자 스페인 공산당은 대중 봉기를 노리고 약 4천 명의 병력을 모아 국내로 침투하였지만 정부군의 재빠른 대응으로 인명의 손실을 입고 퇴각하였다. 이어진 정부군의 게릴라 소탕작전으로 6만 명이 체포되었지만, 그중 실제 게릴라 참가자는 8천 명 정도였다고 한다.

1959년에 세워진 '사자의 계곡'은 지금도 논란이 있지만 양측의 유해를 함께 안치했다는 것은 포용으로 향하는 작은 신호로 볼 수 있을 것이다. 스페인 정치권은 망각협정에 합의하고 1977년 「사면법」을 제정하여 과거사를 불문에 붙였다. 제2차 세계대전의 중립으로 나라를 안전하게 지켜낸 것, 경제적 발전 기반을 마련한 것, 일련의 민주화 조치, 지역성의 인정, 공화파 병사들에 대한 연금 지급 등이 스페인을 안정적 개혁으로 나아가게 하였다.

2007년 「역사기억법」이 제정되어 프랑코 시대에 대한 정치적 단죄가 내려졌다. 사전적으로 '망각'과 '기억'은 정반대의 개념이지만 국민통합을 위해서는 같은 것일 수 있다는 것을 보여준다. 2008년 유엔 인권위원회가 사면법 폐지를 권고하였지만 망각협정은 그대로 유지되고 있다. 판도라의 상자와 같은 불안감이 없

지 않을 것이다. 과거에 함몰되어서는 미래를 장담하기 어렵다
는 우려도 있을 것이다. 게다가 바스크와 카탈루냐의 분리주의
운동으로 인한 어려움도 있다.

스페인의 보훈 통합 사례는 연금의 인정과 같은 제도적 통합
보다 기억이 더 본질적 문제라는 것은 보여준다. 기억은 한 국가
공동체나 정치집단 내에서는 동지적 유대감과 결속을 강화하지
만, 그것을 벗어나면 배타성으로 나타난다. 앞에서 본 대로 미국
은 '주권주의의 대의를 위한 것'이었다는 역사 서술로 국가통합
을 달성하고자 했다. 스페인은 망각협정이 그 해법이었다. 그때
의 상황에서는 그것이 최선이었을지 모르지만 강요된 망각일 뿐
이다. 「사면법」과 「역사기억법」이 어디로 향할지 궁금하다. 곤잘
레스의 말처럼 과거사 청산이 잿더미 속에 살아 있는 불씨를 타
오르게 할 수도 있다. 스페인의 국가 비전과 미래에 대한 전망과
무관하지 않을 것이다.

3) 아일랜드

(1) 배경

아일랜드는 12세기 후반부터 750년간 영국의 지배를 받았다.

19세기 중반 대기근과 전염병으로 600만 명의 인구 중 3분의 1이 죽거나 해외로 이주했다. 1918년 제1차 세계대전이 끝날 무렵 독립을 선언하고 의회와 정부를 구성했다. 그러나 1919년 1월, 영국의 개입으로 전쟁이 발발했다. 아일랜드 독립전쟁(Irish War of Independence)을 이끈 것은 아일랜드 공화국군(IRA)이었다.

1921년 7월, 휴전에 합의하고 영국-아일랜드 조약(Anglo-Irish Treaty)을 체결하였다. "영국군은 아일랜드 대부분 지역에서 철수한다. 아일랜드를 영국의 국왕을 원수로 하는 자치령으로 한다. 아일랜드 자유국(Irish Free State)의 새 의원들은 영국 국왕에게 충성 서약을 해야 한다. 북아일랜드는 조약 발효 후 한 달 이내에 자유국에서 탈퇴할 수 있는 선택권을 갖는다."는 것이 조약의 핵심 내용이었다.

그에 따라 남부 가톨릭 26개 지역은 자치령의 지위를 갖는 '아일랜드 자유국(Irish Free State)이 되었지만 북부의 신교 얼스터 6개 지역은 영국의 일부로 남았다. 조약 찬성파와 반대파 사이의 갈등은 결국 1922년 7월 내전으로 발전했다. 내전은 1923년 5월, 영국의 지원을 받은 자유국의 승리로 끝났다. 1937년 아일랜드 자유국은 영국에서 독립하고, 1948년 영연방에서 이탈하였다.

(2) **통합 과정**

① 보훈제도의 통합과 추모비 건립

아일랜드는 내전으로 민간인을 포함하여 1,700여 명의 사상
자가 발생하였다. 1,200명이 체포, 수감되었으며, 그 가운데 81
명이 공식 처형되었다. 내전이 끝난 후 전사자 유족과 부상자 등
독립전쟁 참전자를 위한 보상제도가 도입되어 1916년 부활절 봉
기부터 1923년 내전까지 희생된 사람들에게 연금이 주어졌다.
부상자에게는 영국의 연금제도를 참고하여 장애 정도에 따라
20%에서 100%까지 차등 지급되었다. 그러나 전투행위 참가로
인한 사망 또는 부상으로 제한되었고, 조약의 반대편에 섰거나
중립을 지킨 사람들, 비전투원이나 여성들은 제외되었다. 그에
따라 '보상의 정치화'라는 비판 속에서 사회적 갈등과 분열이 심
화되었고, 정치적 리더십이 필요했다. 1934년 조약 반대파와 여
성에게도 연금 수급 자격이 주어졌고, 비극의 현장 곳곳에 추모
비가 세워졌다.

② 북아일랜드 문제

1921년 아일랜드 자유국이 수립된 후에도 북아일랜드 문제를

둘러싸고 갈등이 끊이지 않았다. 1937년 영국의 자치령의 지위에서 벗어나 아일랜드 공화국으로 독립하였고, 1949년 영연방에서 탈퇴했다. 그러나 북아일랜드 문제는 여전히 불씨로 남아 있었다. 영국령 북아일랜드는 신교도가 3분의 2를, 가톨릭교도가 3분의 1을 차지하였다. 다수를 점하던 신교도와 소수의 가톨릭교도 사이에 갈등이 끊이지 않았다.

1972년 1월 30일, 북아일랜드 런던데리(London Derry)에서 '피의 일요일(Blood Sunday)' 사건이 발생하였다. 영국군 낙하산 부대의 발포로 14명이 사망하고 13명이 중상을 입었다. 무장투쟁에 나선 아일랜드 공화국군은 1998년 성 금요일 협정(Good Friday Agreement)으로 무장해제가 이뤄질 때까지 26년간 3천 6백여 명이 목숨을 잃었고 5만여 명이 부상을 입었다. 1998년 북아일랜드 의회가 구성되고, 2007년 5월 자치정부가 수립되었다.

2011년 5월 17일, 엘리자베스 2세의 아일랜드 첫 방문이 이루어졌다. 영국군의 학살 행위에 사과하고 아일랜드의 자유를 위하여 싸우다가 죽은 사람들에게 조의를 표하는 것으로 방문 일정을 시작하였다. 엘리자베스 2세는 수도 더블린의 '기억의 정원(Garden of Remembrance)'에서 매컬리스 대통령과 나란히 헌화했다. 양국의 국기가 나란히 걸리고 영국의 국가(God Save The

Queen)가 처음으로 연주되었다. 영국과의 관계 정상화는 내부
의 갈등을 완화하고 통합을 이루는 요소로 작용하였다.

(3) 특징과 시사점

아일랜드 내전은 1년이 채 안 되는 짧은 기간에 종결되었고,
희생자의 숫자도 많지 않았다. 영국에서 독립하는 방법을 둘러
싼 노선의 차이에서 비롯된 내전이 끝난 후 11년, 아일랜드는 비
교적 빠른 기간에 동일한 연금이 보장되고, 국민통합으로 나아
갈 수 있었다. 비록 내전의 당사자였지만 독립이라는 목표는 다
르지 않았다. 역설적으로 영국의 존재가 통합을 촉진하는 요소
가 되었다고 할 수 있다. 나아가야 할 더 큰 목표가 있다면 분열
보다 결속으로 나아가기 쉽기 때문이다.

4) 그리스

(1) 배경

그리스는 15세기 말부터 19세기 초반까지 약 400년간 오스만
제국의 지배를 받았다. 1821년 펠로폰네소스 반도에서 일어난 독
립전쟁은 1829년 사실상 독립으로 끝을 맺었다. 여기에는 1814년

오데사에서 창설된 친우협회(Filiki Eteria)와 무장단체들(klephts)이 있었고 영국, 프랑스, 러시아 등 서방의 지원도 있었다.

그리스는 1943년부터 1949년까지 3차에 걸쳐 내전을 겪었다. 1941년 그리스는 추축국에 점령되었고, 정부는 이집트 카이로로 망명했다. 국내에는 여러 형태의 레지스탕스 세력이 출현했다. 1943년 1차 내전은 좌·우파 레지스탕스 사이의 주도권 다툼에서 비롯되었다. 1944년 12월, 2차 내전은 독일군이 철수하고 카이로에 있던 망명정부가 귀환하면서 시작되었다. 좌파는 무장 해제에 반발하여 정부에서 탈퇴하고 저항에 나섰지만 곧 진압되었다. 1946년 3차 내전은 주로 그리스 북부의 산맥에서 정부군과 그리스 공산당(KKE)의 무장조직인 민주군(DSE) 사이의 게릴라전으로 전개되었다.

좁게는 그리스 내전은 3차 내전을 의미한다. 정부군에는 영국과 미국의 지원이 있었고, 그리스 공산당(KKE)의 무장 조직인 민주군(DSE)에는 유고슬라비아, 알바니아, 불가리아의 지원이 있었다. 18세기 말 코카서스를 장악하고, 인도양으로 진출하기 위하여 그리스에 손을 뻗치던 소련은 1943년 10월 영국과 지분 협정을 맺고 개입하지 않았다. 내전은 1949년 10월 정부군과 서방 연합군의 승리로 끝났다.

(2) 통합 과정

① 신헌법 제정

내전으로 사망자 6만 5천여 명을 포함하여 12만 명 이상의 사상자가 발생했다. 수천 명이 수감되었고, 많은 민주군 출신이 발칸·호주·독일·미국·영국·캐나다 등지로 떠났다. 1967년 좌, 우파의 갈등과 대립 속에 군사 쿠데타가 발생하여 우파가 정권을 장악하였다. 1974년 군사정권이 붕괴된 후 들어선 콘스탄티누스 카라만리스(Constantine Karamanlis) 정부는 군주제를 폐지하고 공산당을 합법화하며, 자유선거를 보장하는 새로운 헌법을 채택하였다.

② 명예 회복 조치

1981년 그리스는 중도좌파(Panhellenic Socialist Movement, PASOK) 정부의 집권을 계기로 해묵은 과제를 해결하고 국민통합의 단초를 마련하였다. 그에 따라 인근 공산주의 국가로 피신하였던 민주군 출신 병사들이 고향으로 돌아올 수 있었다. 내전 이전의 재산권이 회복되고 피선거권이 보장되었고, 연금이 주어졌다. 그와 함께 내전의 성격 규정도 변화되었다. 1989년 새로

수립된 좌·우파 연립정부는 법률을 제정하여 '공산주의자 폭동'에서 국가의 진로를 둘러싼 정부군과 민주군 사이의 '내전'으로 규정하였다. 아울러 '공산도적(공비)'이라는 이름도 '그리스 민주군 전사'라는 명칭으로 대체되었다.

③ 기념물 설치

1974년 군사정권이 무너진 후 무려 345개가 넘는 전투지에 기념비가 세워졌다. 1989년 내전 중 군사 수용소로 사용되었던 마크로니소스(Makronisos)는 '역사적 기억의 장소'로 공식 선언되었다. 2004년 논란 끝에 두 다리가 철사 줄에 묶인 모습의 마크로니소스 동상이 들어섰다. 거기에는 "1947-1958 이 섬에 수감된 투사들에게"라 새겨져 있다.*

(3) 특징과 시사점

그리스는 1832년 런던조약으로 오스만 제국에서 독립하기로

---

*   Kostantinos Charamis, "Nothing and no one has been forgotten: commemorating those who did not give in during the Greek civil war(1946-1949)", *Cahiers de la Méditerranée* June 2005, pp.173-193.(Journals. openedition.org > cdlm).

승인되었다. 그리스 내전은 최초의 이념 전쟁이었다. 소련(당시 러시아)은 예카테리나 2세 때 남방정책을 본격화하여 이른바 '그리스 플랜'을 통하여 비잔틴 제국의 부활을 노리고 그리스의 독립을 후원하였다. 흑해 연안의 항구도시 오데사(지금의 우크라이나)는 그리스 독립투사들의 활동 무대이자 보호구역이었다. 그런 소련이 내전에 개입하였더라면 훨씬 복잡한 양상으로 전개되었을 것이다. 그리스는 1981년 민주군 출신 병사들에게 연금을 지급한 데 이어 '폭동'에서 '내전'으로 역사 서술을 변경하였으며, 민주투사로 명예를 회복시켰다. 그리스가 내전의 상처를 치유하는 데는 30년 이상의 세월이 필요했다. 군부 집권의 영향도 있었을 것이지만 이념과 사상의 대립은 그 어떤 장애보다도 극복하기 어려운 것이었다. 인간의 신념 체계와 관련이 있기 때문이다. 그리스의 사례는 반면교사가 될 수 있다. 좀 더 깊은 심층적 연구가 필요한 이유다.

5) 중국

(1) 배경

1911년 10월 10일 중국동맹회 쑨원(孫文)이 주도한 신해혁명으로 중화민국이 선포되었다. 쑨원을 대총통으로 하는 임시정부가 수립되었지만 위안스카이(袁世凱)와 타협하여 사임하였다. 대총통에 오른 위안스카이는 혁명파를 탄압하고, 일본의 요구를 수용하는 등으로 권력 장악에 몰두하였다. 1916년 위안스카이가 사망하자 중국 전역이 군벌의 수중에 들어갔다. 1921년 쑨원과 장제스(蔣介石)는 중국공산당과 협력하여 광저우(廣州) 정부를 수립하였다. 1925년 쑨원의 사망으로 국민당의 국민혁명군 총사령관에 오른 장제스는 이듬해 남부의 군벌들과 협력하여 북벌을 개시하였다. 국민혁명군은 북상하면서 차례로 군벌 세력을 격파하고 베이징을 점령하였다. 1927년 북벌에 성공한 장제스는 국민당 내 공산당 세력을 대대적으로 숙청하고, 난징(南京) 정부를 수립하였다. 이로써 제1차 국공합작은 실패로 돌아가고 국민당과 중국공산당은 제1차 국공 내전에 돌입하였다.

1931년 중화소비에트공화국을 수립하고 농촌지역에서 세력을 부식하던 중국공산당은 장제스의 대규모 토벌 작전에 밀려 1934년 10월 9,000km의 대장정에 오른다. 출발 당시 6만 9천 명의 홍군(紅軍)은 1935년 10월 산시성(陝西省) 옌안(延安)에 도착했을 때 겨우 7천 명이 살아남았다. 그곳에서 홍군은 동북군사령관 장쉐량(張學良)과 대치하였다. 토벌과 대장정이 진행되던

1931년 일본은 만주사변을 일으켜 만주 전역을 점령하고, 만주국을 수립한 후 관내(關內)로 향하였다. 1936년 12월 장쉐량이 홍군의 토벌을 격려하러 온 장제스를 감금하고 내전의 중단과 항일전쟁을 요구한 이른바 시안사변(西安事變)이 발생하였다. 장제스가 장쉐량의 요구를 수용함으로써 제2차 국공합작이 성사되었다. 그에 따라 북부의 홍군은 중국혁명군 제8로군(八路軍)으로, 남부의 공산 유격대는 신편제4군(新編第四軍·新四軍)으로 개편되었다. 훗날 중국인민해방군이 되는 군사조직이다. 1937년 7월에서 1945년 9월 초까지 이어진 중일전쟁은 중국공산당의 군사력과 지지 기반의 확대를 가져왔다.

1946년 6월 공동 정부 수립을 위한 국, 공 양측의 협상이 실패로 돌아간 후 제2차 국공내전이 발생하였다. 베이징(北京), 난징(南京), 상하이(上海)를 차례로 장악한 마오쩌뚱(毛澤東)은 1949년 10월 1일 중화인민공화국의 수립을 선포하였다. 인민해방군은 국민당의 임시수도 중칭(重慶)을 점령하고 청두(成都)를 압박하였다. 장제스는 1949년 12월 10일 청두 군사공항을 통하여 타이완(臺灣)으로 이동하여 재기를 모색하였다. 1949년 5월 장제스는 장교(1,138명), 조종사(814명), 가족(2,600명)을 타이베이(臺北)로 이동시키고, 23만 점에 달하는 문화재와 은행의 금괴를 비밀리에 수송하였다.* 이른바 국부천대(國府遷臺)로 군인과 민간인을 포함하여 120만 명이 타이완으로 이동하였다.** 대륙에 남겨진 30만 명의 국부군은 남부의 연안과 도서 지역에서 저항을 계속하였다.

(2) 보훈제도

① 중국의 보훈

1921년 창설된 중국공산당은 중국 남동부 장시성에 소비에트를 건설하고, 군사조직으로 홍군(紅軍)을 편성하였다. 1931년 11월 「중국공농홍군우대조례(中國工農紅軍優待條例)」와 하위 규정으로 각종 판법(辦法)을 제정하였다. 1932년 「홍군무휼조례(紅軍撫恤條例)」와 「우대홍군가속경전대조례(優待紅軍家屬耕田隊條例)」가 제정되고, 홍군무휼위원회(紅軍撫恤委員會)를 설치하였다. 그에 따라 근거지와 해방구별로 홍군과 가족에 대한 우대조례가 시행되었다.

---

*   Taipei Times, "The great retreat", Sun, Dec 04, 2016.

**   중화민국 정부 공식 사이트(www.taiwan.gov.tw).

중화인민공화국 수립 직후인 1950년 12월 「혁명열사가족혁명
군인가족임시우대규칙(革命烈士家族革命軍人家族臨時優待規則)」,
「혁명군인희생포휼임시규칙(革命軍人犧牲襃恤臨時規則)」, 「민병민
공사상위무규칙(民兵民共死傷慰撫規則)」 등의 법령이 제정됨으로
써 사회주의 혁명에 참가한 혁명열사와 그 유족에 대한 우대시
책이 시행되었다. 뒤이어 군 복무 중 사망하였거나 부상을 당한
군인이 포함되었다. 1980년 4월 「혁명열사포양조례(革命烈士襃揚
條例)」가 제정되었고, 1988년 8월 임시규칙 형태로 운영되던 법
체계가 「군인위무우대규칙(軍人慰撫優待規則)」으로 통합되어 오
늘에 이르고 있다.

보훈은 국무원 민정부(民政部) 우무안치국(優撫安置局)에서 관
장한다. 우대대상이라고 불리는 적용 대상자는 중국인민혁명군
의 현역군인, 혁명상이군인, 제대군인, 혁명열사 가족, 공무로
희생한 군인 가족, 병사 군인 가족, 현역군인 가족 등이다. 보훈
은 위로금 지급, 의료, 취업, 입학, 대부, 주택분양, 열사능원(국
립묘지) 안장 등이다. '군인위무우대'라는 명칭에서 볼 수 있듯이
위무와 우대제도로서 사망(상이) 위로금 지급과 혁명열사 포양
및 기념물 관리를 중심으로 하여 의료, 취업, 취학, 대부, 주택
등에서 우대하는 방식으로 되어 있다.

② 대만의 보훈

1934년 「군인의 퇴역에 관한 육해공군복역잠정조례(陸海空軍服役暫定條例)」가 공포되었지만 중일전쟁과 국공내전으로 시행되지 못했다. 1949년 타이완으로 이동한 중화민국에서는 1952년 10월 「육해공군제대기간가퇴역실시법(陸海空軍除隊期間假退役實施法)」이 제정되고, 1954년 11월 행정원 산하에 국군퇴제역관병보도위원회(國軍退除役官兵輔導委員會)가 설치되었다. 관병보도위원회는 주임위원(主任委員)과 관련 부처 수장을 위원으로 하는 법정부적 조직이다. 쑨원의 삼민주의와 장제스의 민생주의에 의거하여 '건강한 사람에게는 직장을 제공하고(就業), 젊은이에게는 교육을 실시하며(就學), 병든 사람에게는 의료를 제공하고(就醫), 연로한 사람들에게는 부양을 실시한다(就養).'라는 모토 하에 관련 부처가 참여하는 범정부적 위원회를 통하여 보훈이 수행되고 있다. 시와 현에 제대군인센터(服務中心), 보훈병원(榮民總醫院·榮民醫院), 양로소(榮民之家), 가정방문의료센터, 제대군인직업훈련센터 등이 있으며 재정적 자립을 위하여 다수의 수익사업체를 운영한다. 타이베이(臺北 五指山)에 국방부가 관리하는 국립묘지가 있다.

「국군퇴제역관병보도조례」를 기본법으로 하여 취업, 교육, 의료, 양로, 안장 등에 관한 하위 규정을 두었다. 이 법 적용 대상인 제대군인은 '영예국민(榮譽國民)' 또는 영민(榮民)이라 하여 특별한 예우를 받는다. 그러나 국부군 출신이 퇴조하고 대만 출신이 전면에 등장한 후 정치 지형이 바뀌었다. 국민당과 달리 집권 민진당은 대륙과 분리된 별개의 독립국가로 나아가고 있다.

(3) 특징과 시사점

항일전쟁과 국공내전 참가자에 대한 우대와 지원은 홍군이 국부군보다 앞섰던 것으로 보인다. 어떤 형태와 수준으로 시행되었는지 구체적으로 파악하기는 어렵지만, 홍군 가족의 결속과 지지기반의 확대에 도움이 되었을 것이다. 국부군과 홍군은 모두 항일전쟁 참가자라는 공통점이 있다. 그러나 국공내전은 각기 다른 길을 걷게 하였다. 대만에서는 '영예국민'으로, 중국에서는 '혁명열사'로 불린다. 중국에서 국부군 출신이 설 자리는 없다. 그 가운데 1988년 이후 소수의 인원이 대만으로 건너와 '영예국민'이 되었다고 한다. 중국과 대만의 사례는 항일운동과 6·25전쟁, 70여 년의 분단으로 이어진 우리의 상황과 흡사하다.

나가기

보훈은 국민통합의 중요한 기제라고 말한다. 국가공동체에 대한 애착심과 결속, 그리고 정체성의 근거가 되기 때문이다. 그러나 그것은 동일한 국가공동체 내에서 일이다. 그 공동체의 틀이 변한다면 보훈은 통합의 기제가 될 수도, 분열의 기제가 될 수도 있다. 남, 북한은 제각기 함께 겪은 희생의 기억이 강조되어 왔다. 강렬하고 오래 지속되는 기억은 하나로 나아가기 어렵다.

남, 북한의 보훈제도는 불가피하게 분단과 냉전 시대의 산물이다. 서로 다른 이념과 체제하에서 수립되고 변화되어 온 보훈은 이념, 형태, 내용 면에서 현격한 차이가 있다. 통일이 이뤄진 후 무엇을 기념하고, 누구에게 보답할 것인가? 국가의 정체성을 둘러싼 반목과 갈등을 피하기 어려울 것이다. 한 사회 안에서 갈등은 긍정적인 기능이 없지 않다고 하지만 정치체제의 통합에 따른 갈등은 부정적 영향이 매우 크다. 전쟁과 오랜 기간의 분단을 경험한 남, 북한은 평화적 통일이 이루어진다고 해도 진정한 통합을 달성하기까지에는 많은 장애가 도사리고 있다.

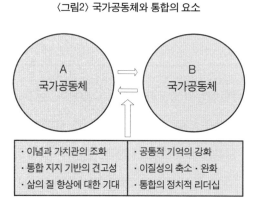

〈그림2〉 국가공동체와 통합의 요소

분단국가의 통일은 정치, 경제, 사회, 문화 등 각 분야에 걸친 교류와 협력을 바탕으로 민족공동체 의식을 회복하고 단일 정치 체제를 수립하는 멀고도 험한 과정이다. 통일은 정치, 법률, 행정체제의 통합으로 끝나지 않는다. 내적 통합이 더 어려운 과제로 남는다. 〈그림2〉에서 보는 바와 같이 이념과 가치관의 조화, 통합에 대한 지지기반의 견고성, 삶의 질이 향상되리라는 기대감, 더 나은 미래에 대한 전망 등이 중요한 요소로 작용할 것이다. 보훈의 차원에서는 공통의 기억의 강화, 이질성의 축소, 통합의 정치적 리더십이 필요할 것이다.

통일을 경험한 국가들을 보면 정치, 경제, 법률 등의 영역에서 제도적으로 진행되는 통합보다 더 중요한 것은 인적 통합 또는 사회통합이다. 그것은 정치와 경제 통합의 하위 영역이거나 부차적인 문제가 아니라는 것이다.* 앞에서 본 바와 같이 통일 30년이 경과한 독일에서조차도 구 동독 주민의 57%가 자신을 B급 시민으로 생각하고 있다고 한다. 정치적 통일보다 훨씬 더 어려운 것이 사회통합이라는 것을 반증한다.

전쟁을 경험한 분단국가의 통합은 이중의 어려움에 처할 수밖에 없다. 역사와 역사, 사람과 사람의 갈등을 피하기 어려울 것이다. 고착된 역사 인식과 가치관의 충돌은 통일국가의 정체성에 심대한 타격을 줄 수 있다. 그렇기 때문에 인적 통합 또는 사회통합을 염두에 둔 철저하게 준비된 통합이어야 한다.

여러 가지 시나리오가 있을 수 있지만 종국적으로 통일헌법과 법률의 제정을 통하여 정치, 경제, 사회 등 각 분야에서 제도의 형태와 내용이 결정될 것이다. 보훈 또한 통일 과정의 기본적인 합의에 따라 결정될 종속변수로서 어떤 형태와 내용으로 나타날

---

* 전성우, "통일과 남북한의 사회통합", 「통일문제연구 1996 상반기」, 평화문제연구소. pp. 236~238.

지 현재로서 예견하기 어렵다. 어쩌면 논의 자체가 무의미할 수도 있다. 그렇다고 하더라도 외국의 선행사례에서 정책적 시사점을 발견하고 미래 상황에 대비하는 노력은 필요하다.

앞서 내전이나 분단을 경험한 몇몇 국가를 살펴보았지만 참고할 수 있는 사례가 제한적이고, 우리의 상황과 차이가 많다. 동·서독의 통일이 하나의 모델이지만 역사적 환경의 차이가 크다. 기본적으로 동독의 5개 주가 독일연방에 가입한 방식의 통일이었다. 첫째, 동·서독은 비록 분단이 되었지만 내재적 요인이 없이 국제 역학적 요인에 의한 것이었으며, 분단 후에도 무력 충돌이 없었기 때문에 인적 장애가 크지 않았다. 그러나 남·북한의 분단은 전쟁을 경험하였고, 오랜 기간의 적대 관계로 인적 장애의 벽이 높다. 둘째, 통독에서 동독이 차지하는 비중이 크지 않았고, 서독은 이를 수용할 능력이 있었다는 점이다. 통독 당시 서독은 인구에서 3.8배, 면적에서 3.3배, 병력에서 2.9배로 모든 면에서 월등히 앞서 있었다. 그러나 1인당 국민소득에서는 2.1 대 1로 비교적 격차가 크지 않았다.

그에 비하여 남·북한은 경제력에는 큰 격차가 있지만 국토 면적, 인구, 병력 규모 면에서는 동·서독의 경우와 다르다. 또 하나 간과할 수 없는 것은 과거사의 정리에서 독일과 같은 유연함을 견지하기 어려울 것이라는 점이다. 일제강점기 이후의 역사 정리는 새로운 갈등과 분열의 씨앗이 될 수 있다. 2021년 현재로 84만여 보훈대상자 가운데 57만여 명(68%)이 전쟁 또는 전투와 관련되어 있을 정도로 민감한 문제다. 독일의 보훈 통합은 투 트랙(two track) 방식이었다. 분단 이전에 발생한 '전쟁 희생자'와 분단 이후에 발생한 공상·순직군인을 분리하였다. 그에 따라 양쪽의 '전쟁 희생자'는 「연방부조법」의 적용 대상으로 동질화되었다. 남·북한의 경우에도 그 같은 투 트랙 방식이 유용할지 의문이다.

분단과 전쟁을 경험한 베트남의 사례는 남·북한이 처한 상황과 유사하다. 그러나 보훈의 통합이라는 측면에서는 참고가 되기 어렵다. 통합에 이르지 못했기 때문이다. 그 밖에 스페인, 그리스, 아일랜드 등에서는 내전이 끝난 후 개혁적인 정권이 들어서면서 반대쪽 참전자에게도 연금이 지급되고 기념비가 세워졌다. 분단을 경험하지 않은 국가들이라는 점에서 참고가 될 것 같지는 않지만 보훈이 국가통합의 상징적 요소로 작용했다는 것은 분명해 보인다.

미국의 경우는 4년간의 남북전쟁과 그 이후의 재건 정책 속에서 남부를 포용하려고 했다. 그러나 남군 전사자의 국립묘지 안장과 기념비, 그리고 추모 활동 등을 중심으로 이뤄졌을 뿐 연방

보훈에 수용한 것은 거의 1세기가 흐른 후였다. 벽을 허물고 형제애를 회복하기 위한 정치 지도자들의 헌신적 리더십이 없었던 것은 아니지만 연방의 입장은 완고했다.

누구에게도 악의를 품지 말고 아무에게도 악의를 품지 말고 모든 사람을 사랑으로 대합시다.

1865년 에이브러햄 링컨 대통령의 재취임 연설은 국가통합의 새로운 시작이었다. 그리고 노예제도에 대한 반대가 아니라 연방과 주권(州權)에 대한 이견에서 비롯된 것이었다는 쪽으로 나아갔다. 국립묘지 안장, 기념비 건립, 추모행사 등 기억정책을 통하여 남부의 명예 회복에 적극적으로 나서면서도 연방보훈을 인정하지 않았다. 미국의 사례는 반면교사가 될 것이다. 현충일마저 하나로 통일되지 않았을 정도로 기억의 통합은 여전히 어려운 과제로 남아 있다.

통합의 변수는 안전, 복지, 자유, 정체성의 충족과 관련이 있다. 이 욕구는 개별적인 것이 아니라 서로 부딪히면서 더 많고 어려운 문제를 불러일으킬 수 있다.* 예컨대 기대한 만큼 삶의 질이 보장되지 않는다면 새 국가의 정체성과 관련한 갈등은 더 증폭될 수 있다.

남·북한의 보훈제도에는 공통적 요소와 배타적 요소가 공존한다. 일반적으로 말하면 통합은 공통적 요소의 확대와 이질적 요소의 축소가 해법이다. 기억의 강도가 약했던 독일의 통일이 그것에 가까웠다. 그러나 남·북한은 베트남이나 중국·대만과 함께 기억의 강도가 높고, 지속 기간이 긴 편에 속한다. 그만큼 보훈의 통합이 어렵다는 뜻이다. 독일식 투 트랙 방식인가? 미국식 대의의 존중인가? 스페인식 망각협정이 유의미할 수 있을까? 어떤 경우든 '자신의 공동체를 위한 사심 없는 헌신은 이념과 체제를 초월하여 존중되어야 한다.'는 원칙에 대한 합의가 전제되어야 할 것이다.

---

* 홍기준, 「통일 후 남북한 사회통합:새로운 이론구상을 위한 시론」, 『남북한 통합의 이론과 실제』, 경희대학교 아태지역연구원, 2001. 30~33, 52쪽.

부록

국가보훈대상자
해당 요건과 예우의 내용

1. 독립유공자 예우에 관한 법률 (2021년 현재)

구분	해당 요건	예우의 내용
순국선열	일제의 국권침탈 전후로부터 1945년 8월 14일까지 국내외에서 일제의 국권침탈을 반대하거나 독립운동을 위하여 일제에 항거하다가 그 반대나 항거로 인하여 순국한 분으로서, 그 공로로 건국훈장·건국포장 또는 대통령 표창을 받은 경우	보훈급여금, 특별예우금(생존지사), 생활지원금, 의료, 교육, 취업, 대부, 주택 우선 공급, 양로보호, 국립묘지 안장 등 *생활지원금: 보상금
애국지사	일제의 국권침탈 전후로부터 1945년 8월 14일까지 국내외에서 일제의 국권침탈을 반대하거나 독립운동을 위하여 일제에 항거한 사실이 있는 분으로서, 그 공로로 건국훈장·건국포장 또는 대통령 표창을 받은 경우	비대상자 중 일정 소득 이하 (손)자녀 *국비진료(본인) *진료비 감면(유가족)

2. 국가유공자 등 예우 및 지원에 관한 법률

구분	해당 요건	예우의 내용
전몰군경	군인이나 경찰공무원으로서 전투 또는 이에 준하는 직무수행 중 사망한 사람	보훈급여금, 의료, 교육, 취업, 대부, 주택 우선 공급, 양로보호, 국립묘지 안장 등 *국비진료(본인) *진료비 감면(유가족)
전상군경	군인이나 경찰공무원으로서 전투 또는 이에 준하는 직무수행 중 상이를 입고 전역하거나 퇴직(면직)다)한 사람 또는 6개월 이내에 전역이나 퇴직하는 사람으로서 그 상이정도가 국가보훈처장이 실시하는 신체검사에서 제6조의4에 따른 상이등급(이하 "상이등급"이라 한다)으로 판정된 사람	
순직군경	군인이나 경찰·소방 공무원으로서 국가의 수호·안전보장 또는 국민의 생명·재산 보호와 직접적인 관련이 있는 직무수행이나 교육훈련 중 사망한 사람	

공상군경	군인이나 경찰·소방 공무원으로서 국가의 수호·안전보장 또는 국민의 생명·재산 보호와 직접적인 관련이 있는 직무수행이나 교육훈련 중 상이(질병)다)를 입고 전역하거나 퇴직한 사람 또는 6개월 이내에 전역이나 퇴직하는 사람으로서 그 상이정도가 국가보훈처장이 실시하는 신체검사에서 상이등급으로 판정된 사람 (공상군경)	
무공 수훈자	무공훈장(武功勳章)을 받은 사람(무공수훈자)	무공명예수당, 교육, 취업, 대부, 주택 우선 공급, 양로보호, 국립묘지 안장 등
보국 수훈자	군인으로서 보국훈장을 받고 전역한 사람, 군인 외의 사람으로서 간첩체포, 무기개발 등의 사유로 부국훈장을 받은 사람(보국수훈자)	교육, 취업, 대부, 주택 우선 공급, 양로보호 등
6.25참전 재일학도 의용군인	대한민국 국민으로서 일본에 거주하다가 1950년 6월 25일부터 1953년 7월 27일까지 국군이나 유엔군에 지원 입대하여 6·25전쟁에 참전하고 제대한 사람	전몰(전상) 군경과 동일한 예우 *진료비 감면
4·19혁명 사망자	1960년 4월 19일을 전후한 혁명에 참가하여 사망한 사람	전몰(전상) 군경과 동일한 예우
4·19혁명 부상자·	1960년 4월 19일을 전후한 혁명에 참가하여 상이를 입은 사람으로서 그 상이정도가 국가보훈처장이 실시하는 신체검사에서 상이등급으로 판정된 사람	*국비진료(본인) *진료비 감면(유가족)
4·19혁명 공로자	1960년 4월 19일을 전후한 혁명에 참가한 사람 중 제11호와 제12호에 해당하지 아니하는 사람으로서 건국포장을 받은 사람(공로자)	4·19혁명공로수당, 교육, 취업, 대부, 주택 우선 분양, 양로보호, 국립묘지 안장 등 *진료비 감면

순직공무원	공무원 등으로서 국민의 생명·재산 보호와 직접적인 관련이 있는 직무수행이나 교육훈련 중 사망한 사람(순직공무원)	간호수당(1급), 의료, 교육, 취업, 대부, 주택 우선 분양, 국립묘지 안장(일부)
공상공무원	국민의 생명·재산 보호와 직접적인 관련이 있는 직무수행이나 교육훈련 중 상이(질병)를 입고 퇴직하거나 6개월 이내에 퇴직하는 사람으로서 그 상이정도가 국가보훈처장이 실시하는 신체검사에서 상이등급으로 판정된 사람(공상공무원)	*국비진료(본인) *진료비 감면(유가족)

3. 참전유공자 예우 및 단체설립에 관한 법률

구분	해당 요건	예우의 내용
참전유공자	· 6·25전쟁에 참전하고 전역(퇴역·면역 포함) 군인 · 「병역법」 또는 「군인사법」에 따른 현역복무 중 1964년 7월 18일부터 1973년 3월 23일 사이에 월남전쟁에 참전하고 전역한 군인 · 6·25전쟁에 참전하고 퇴직한 경찰공무원 · 6·25전쟁에 참전한 사실 또는 월남전쟁에 참전한 사실이 있다고 국방부장관이 인정한 사람 · 경찰서장 등 경찰관서장의 지휘·통제를 받아 6·25 전쟁에 참전한 사실이 있다고 경찰청장이 인정한 사람 * 전사하였거나 일정 정도 이상의 상이등급 판정을 받은 사람은 전몰군경 또는 전상군경에 해당한다. * 고엽제 관련자는 「고엽제 후유의증 등 환자 지원 및 단체설립에 관한 법률」에 따라 예우 또는 지원을 받는다.	참전명예수당, 양로보호, 주택 우선 분양, 국립묘지 안장 등 *진료비 감면

4. 5·18민주유공자 예우및 단체설립에 관한 법률

구분	해당 요건	예우의 내용
5·18민주 유공자	5·18민주화운동과 관련하여 사망하거나 행방 불명된 사람 또는 5·18민주화운동으로 인한 상이(질병을 포함한다. 이하 같다)의 후유증 으로 사망한 사람으로서, 「5·18민주화운동 관 련자 보상 등에 관한 법률」에 따라 보상을 받 은 사람(5·18민주화운동사망자·행방불명자)	교육, 취업, 대부, 진료비 감면 등 *교육과 취업은 기존 등록자와 2016.6.23. 이후 등록자 간에 차 이가 있음
	5·18민주화운동부상자: 5·18민주화운동과 관련하여 상이를 입은 사람으로서, 「5·18민 주화운동 관련자 보상 등에 관한 법률」 제5조 제5항에 따른 장해등급(이하 "장해등급"이라 한다)의 판정을 받고 보상을 받은 사람(5·18 민주화운동부상자)	교육, 취업, 국비 진료, 대부, 국립묘지 안장등 *기존/2016.6.23. 이후 등록자 차이
	그 밖의 5·18민주화운동희생자: 5·18민주화 운동과 관련하여 「5·18민주화운동 관련자 보 상 등에 관한 법률」 제22조에 따라 지원을 받 은 사람(그 밖의 5·18민주화운동희생자)	교육, 취업, 대부, 진 료비 감면, 국립묘지 안장 등 *기존/2016.6.23. 이후 등록자 차이

5. 고엽제후유의증 등 환자 지원 및 단체 설립에 관한 법률

구분	해당 요건	예우의 내용
고엽제 후유증 환자	월남전 참전 또는 남방한계선 인접지역에서 복 무하고 전역한 사람으로서 고엽제 후유증에 해 당하는 질병이 있는 사람(19개 질병 해당자)	전상(공상)군경으 로 예우
고엽제 후유 의증 환자	월남전 참전 또는 남방한계선 인접지역에서 복 무하고 전역한 사람으로서 고엽제 후유증의에 해당하는 질병이 있는 사람(19개 질병 해당자)	수당, 의료, 교육, 취업지원
고엽제 후유 증 2세 환자	고엽제후유증환자의 자녀(3개 질병 해당자)	수당, 의료지원

6. 특수임무유공자 예우 및 단체설립에 관한 법률

구분	해당 요건	예우의 내용
특수임무유공자	특수임무수행 또는 이와 관련한 교육훈련으로 인하여 사망한 사람 또는 행방불명으로 확인된 사람(특수임무사망자·행방불명자)	교육, 취업, 의료, 대부, 주택 우선 공급 *국비진료(본인) *진료비 감면(유가족)
	특수임무수행 또는 이와 관련한 교육훈련으로 인하여 부상(질병)을 입은 사람으로서 그 부상 정도가 국가보훈처장이 실시하는 신체검사에서 「국가유공자 등 예우 및 지원에 관한 법률」 제6조의4에 따른 상이등급(이하 "상이등급"이라 한다)으로 판정된 사람(특수임무부상자)	
	특수임무수행을 하였거나 이와 관련한 교육훈련을 받은 사람(특수임무공로자)	

7. 보훈보상대상자 지원에 관한 법률

구분	해당 요건	예우의 내용
재해사망군경·재해부상군경	군인이나 경찰·소방공무원으로서 국가수호 등과 직접적인 관련이 없는 직무수행 중 사망하거나 상이를 입은 사람	보훈급여금, 교육, 취업, 의료, 대부 등
재해사망공무원·재해부상공무원	공무원으로서 국민의 생명·재산보호와 직접적인 관련이 없는 직무수행 중 사망하거나 상이를 입은 사람	

[참고자료]

[국내자료]

권미란, 「스페인 현대사 : 18세기부터 20세기까지」, 부산외국어대학교출판부, 2007.

권헌익, 유강은 옮김, 「학살 그 이후-1969년 베트남전 희생자들에 대한 추모의 인류 학」, 아카이브, 2012.

김원중, "'망각협정'과 스페인의 과거 청산", 역사학보 제185집, 역사학회, 2005.

김원중, "역사적 기억법(2007)과 스페인 과거사 청산 노력에 대해-배/보상, 화해, 위 령의 측면을 중심으로", 「이베로아메리카연구」 제21권, 2010.

김윤식·김종회, 「스페인 내전의 비극」, 바이북스, 2013.

김종성, 「한국보훈정책론」, 2005.

김종성, 「보훈의 역사와 문화」, 2013.

RevÎsta Iber Imericana, 17, 2α)6

김현균·임호준, "현 단계 스페인 과거사 청산의 동향과 전망", 「이베로아메리카연구」 제17권, 2006.

Nguyen Ngoc Que, "CHÍNH SÁCH ĐỐI VỚI NHỮNG NGƯỜI CÓ CÔNG VỚI CÁCH MẠNG CỦA CHÍNH PHỦ VIỆT NAM", 「베트남 연구」 통권 제12호 (2012.12), 한국베트남학회, 2012.

레이몬드 카 외, 김원중· 황보영조 옮김, 까치, 2006.

문화사학회, 「기억은 역사를 어떻게 재현하는가」, 한울, 2018.

박지향, 「슬픈 아일랜드」, 새물결, 2002.

박효종, 「국가와 권위」, 박영사, 2001.

베네딕트 앤더슨, 윤형숙 옮김, 「상상의 공동체」, 나남출판, 2002.

보훈교육연구원, 「국제보훈동향 연차보고서(제2차) 프랑스」, 2012.

서병철, "독일통일의 성공요인과 통일", 한국정치사학회, 「정부수립50년의 한국의 좌 표와 미래의 전망」, 1998. 8.

신정환·전용갑,「두 개의 스페인」, 한국외국어대학교 지식출판원, 2016.
아담 스미스, 박세일·민경국 옮김,「도덕감정론」 개역판, 비봉출판사, 2009.

E. 버크/J.G.피히테, 박희철 옮김,「프랑스혁명 성찰/독일 국민에게 고함」, 동
     서문화 사, 2009.
앤터니 비버, 김원중 옮김,「스페인 내전」, 교양인, 2009.
앨런 브링크리, 손세호 외 옮김,「있는 그대로의 미국사 2」, 휴머니스트, 2011.
앙드레 모로아, 신용석 옮김,「미국사」, 기린원, 1993.
애덤 호크실드, 이순호 옮김,「스페인 내전」, 갈라파고스, 2017.
에드워드 윌슨, 이한음 옮김, 지구의 정복자, 사이언스북스, 2012.
앤터니 비버, 김원중 옮김,「스페인 내전」, 교양인, 2009.
에르네스트 르낭 지음, 신행선 옮김,「민족이란 무엇인가」, 책세상, 2002.
유인선,「베트남의 역사」, 이산, 2018.
윤정식, "예멘 통일과정에서의 사회통합문제".「베트남 및 예멘의 통합사례
     연구」, 통 일원, 1995.
이주영,「미국사」, 대한교과서주식회사, 2005.
이주영,「미국 경제사 개설」, 건국대학교출판부, 1988.
이한우, "베트남 통일 이후 남부의 사회통합 과정에서 계급구조의 변화,
     1975~1985", 국제·지역연구 18권 4호 2009 겨울.
임범상, "베트남 보훈제도 및 국가유공자 지원 법률 현황",「최신 외국법제 정
     보」2019. 제2호, 한국법제연구원. 2019.
장명봉, "남북예멘의 통일과정과 통일헌법에 관한 연구", 분단국가 통일헌법
     자료집」, 통일원, 1995.
J. J. 루소, 정성환 옮김,「사회계약론」, 홍신출판사, 2011.
조지 오웰, 정영목 옮김,「카탈로니아 찬가」, 민음사, 2001.
주 베트남 대한민국대사관, "베트남 통일 이후 국민 통합 과정 및 부작용과 우
     리의 통 일 추진에 주는 교훈", 2005.
주 예멘 대한민국대사관, "예멘 약황", 2020.1.
주 예멘 대한민국대사관, "예멘의 통합 과정", 2008.7.
전성우, "통일과 남북한의 사회통합",「통일문제연구 1996상반기」, 평화문제
     연구소.

진수 지음, 김원중 옮김,「정사 삼국지 위서1」, 민음사, 2007.

최영돈, "독일통일과 장기적 과정으로서의 사회통합: 독일 연방정치교육원의
     역할을 중심으로", 경영 컨설팅리뷰 제5권 제2호, KNU경영컨설팅연
     구소, 2014.8.

케네스 밀러, 김성훈 옮김,「인간의 본능」, 더난출판, 2018.

통일부,「과거청산 분야 관련 정책문서」(독일통일총서 7). 2014.

통일부,「교육통합 분야 관련 정책문서」(독일통일총서 17), 2016. P

통일부,「독일통일총서」, 2013.

통일부,「사회복지, 연금 분야 관련 정책문서」(독일통일총서 13), 2016.

통일원,「독일통일 실태 자료집」, 1994.

통일원,「독일통일백서」, 1994.

통일원,「정상회담 자료집」, 1994.

패트리샤 레비, 이동진 옮김,「아일랜드」, 휘슬러, 2005.

폴 존슨,「미국인의 역사」1, 살림, 2016.

플라톤, 이정호 옮김,「메넥세노스」, 이제이북스, 2011.

하비에르 세르카스, 김창민 옮김,「살라미나의 병사들」, 열린책들, 2010.

하상복,「죽은 자의 정치학」, 모티브북, 2014.

하워드 진, 유강은 옮김,「미국민중사 1」, 이후, 2008.

한일동,「아일랜드」, 동인, 2018.

홍기준, "통일 후 남북한 사회통합:새로운 이론구상을 위한 시론",「남북한 통
     합의 이론과 실제」, 경 희대학교 아태지역연구원, 2001.

황보영조, "프랑코 정권의 기억 만들기와 그 기억의 변화",「역사학연구」,
     2010, vol., no.39, 호남사학회, 2010.

홍순남,「예멘의 정치발전과 이슬람」,「중동연구」, 제23권 2호, 한국외국어대
     학교 중 동문제연구소, 2005.

[외국자료]

Benjamin Rose, "King of all the Spaniards: An Analysis of the Spanish
     Transition to Democracy", A thesis submitted to the faculty of
     Wesleyan University in partial fulfillment of the requirements
     for the Degree of Bachelor of Arts with Departmental Honors in

History. April, 2012.

Bruno Cabanes, *The Great War and the Origins of Humanitarianism 1918-1924*, Cambridge University Press, 2014. 35.

David A Gerber (ed.), *Disabled veterans in history*, University of Michigan Press. 2000.

Jean-Jacques Rousseau, "Consideration on the government of Poland and on the its proposed reformation". April 1772.

EFE, "Spanish Civil War veteran tells harrowing tale of hunger, brutal repression", Madrid. 25 Jul. 2018. (https://www.efe.com) English edition 〉Sponsored news)

Joseph Garnier, *Le droit au travail à l'Assemblée nationale: recueil complet de tous les discours prononcés dans cette mémorable discussion*, Guillaumin et cie. 1848.

Pham Diem, "Vietnam's 1980 Constitution". Vietnam State and Law Institute. 31th March, 2011.

Kostantinos Charamis, "'Nothing and no one has been forgotten': commemorating those who did not give in during the Greek civil war(1946-1949)", *Cahiers de la Méditerranée*. June 2005. pp. 173-193.

Paloma Aguilar, *Memoria y olvido de la guerra civil española*, Madrid, Alianza Editorial. 1996.

Russell Brooker, *The American Civil Rights Movement(1865-1950): Black Agency and People of Good Will*, Lexington Books. 2018.

William Mckinley, *Speeches and addresses of William McKinley(from March 1, 1897, to May 30, 1900.)*. New York Doubleday & McClure Co. 1900.

Thu Trang-Bao Tram, "More Preferential treatment to revolutionary contributors", The Voice of Vietnam. 31th July, 2018.

보훈교육연구원 보훈문화총서08

기억과 연대

등록 1994.7.1 제1-1071
1쇄 발행 2021년 9월 20일

기   획 보훈교육연구원
지은이 김종성
펴낸이 박길수
편집장 소경희
편   집 조영준
관   리 위현정
디자인 이주향
펴낸곳 도서출판 모시는사람들
         03147 서울시 종로구 삼일대로 457(경운동 수운회관) 1207호
전   화 02-735-7173, 02-737-7173 / 팩스 02-730-7173
홈페이지 http://www.mosinsaram.com/

인   쇄 (주)성광인쇄(031-942-4814)
배   본 문화유통북스(031-937-6100)

값은 뒤표지에 있습니다.
ISBN 979-11-6629-060-2   04300
세트 979-11-6629-011-4   04300